대한민국
재테크 민주화

대한민국 재테크 민주화

발행일	2018년 3월 16일

지은이	지영화, 최명진		
펴낸이	손 형 국		
펴낸곳	(주)북랩		
편집인	선일영	편집	권혁신, 오경진, 최승헌, 최예은
디자인	이현수, 김민하, 한수희, 김윤주, 허지혜	제작	박기성, 황동현, 구성우, 정성배
마케팅	김회란, 박진관, 유한호		
출판등록	2004. 12. 1(제2012-000051호)		
주소	서울시 금천구 가산디지털 1로 168, 우림라이온스밸리 B동 B113, 114호		
홈페이지	www.book.co.kr		
전화번호	(02)2026-5777	팩스	(02)2026-5747

ISBN   979-11-5987-964-7 03320(종이책)   979-11-5987-412-3 05320(전자책)

슈퍼리치가 되고 싶다면
반드시 알아야 할 재무계획 솔루션

금융정보의 자유와 평등을 외치다

대한민국 재테크 민주화

지영화·최명진 지음

★★★★★

당신에게 부와 여유를 가져다 줄 최고의 재테크 전략을 집대성한
국제공인재무설계사 최명진의
언제나 이기는 자산증식 실전 안내서

북랩 book Lab

책이 완성될 즈음 우연히 영화 '1987'을 보게 되었다. 독재정권 시절 우리 시민들의 목소리가 공허한 외침으로 흩어지던 그때, 누군가는 죽음을 무릅쓰고 절대적인 힘에 대항했고, 세상은 점차 변하기 시작했다. 독재정권은 역사의 저편으로 사라지고 민주화는 우리의 삶을 더 나아지게 만들었다.

문득, 그 시절로부터 30여 년이 지난 지금의 세상은 자본에 의한 독재에 물들어 있는 것 같다는 생각이 든다. 자본과 정보의 비대칭성은 부자는 더욱 부자로, 가난한 이는 더욱 가난한 이로 만들었고 계층의 이동은 더욱 힘들어졌다.

특히 현재의 금융시장은 철저하게 돈의 원리로 굴러가고 있다. 설명서를 읽어봐도 알 수 없는 복잡한 금융상품들과, 인터넷에 산재해 있는 잘못된 금융 정보의 홍수 속에서 거대 금융기업의 이익이 아닌 선량한 금융소비자를 대변하는 누군가의 양심 어린 외침이 사라지지 않도록 이 책이 힘이 되었으면 한다. 그리고 독자들에게는 복잡한 금융의 길에서 재무목표를 달성하기 위한 지름길을 안내해주는 내비게이션이 되었으면 좋겠다.

책의 완성을 위해 함께 힘써준 M금융서비스 분당지사 식구들과, 어려운 시장 상황 속에서 분발해주신 레버리치 자산관리 직원 분들께 깊은 감사를 드린다. 마지막으로 항상 식지 않는 열정으로 이 자리에 있도록 힘을 북돋아주는 딸 세영이에게 엄마 또한 응원을 보낸다. 사랑한다.

지영화/레버리치(Rever Riche) 대표

대한민국은 현명한 소비자들의 천국이다. 함께 문화를 공유하며 합리적인 소비를 하고 있다. 페이스북, 인스타그램, 블로그 등 SNS에서 소비자들이 하는 '한마디'는 어느 전문가보다 신뢰감이 있다. 과거에는 TV나 언론매체 등 수동적인 정보와 입소문 정도에 따라 소비를 했으나, 합리적이라고 할 수도 없었다. 소비되는 상품을 증명할 방법도 없었고, 개인적인 취향도 모두 다를 수 있으니 말이다. 하지만 지금은 소비자의 능동적인 참여로 인해 판매자들도 과거의 영업형태를 고집할 수 없을 것이다. 자칫 불매운동을 통해 망해버릴 수 있기 때문이다. 그만큼 대한민국은 현명한 소비자들의 힘이 큰 곳이다.

그럼 금융으로 가보자. 금융은 어떠한가?
아직까지 좋은 투자 전략, 괜찮은 금융상품을 함께 공유하고 문화를 만들어 가는 금융소비자들의 행보는 느리다고 볼 수 있다. 오직

금융업계의 종사자만이 자기들만 알고 있는 정보를 SNS에 공유하고 있으니, 이것이 좋은 것인지 혹은 나쁜 것인지 판단할 길이 없다.

우리나라는 의무교육에서 경제 및 금융을 배우지 않는다. 대학에 진학해서야 배우기는 하는데 대학에서 배우는 교육은 대부분 학문적인 내용을 다루고 있기 때문에 사회에 나오게 되면, 금융에 무지(無知)할 수밖에 없다. 월급을 받아도 고작 적금에 넣는 것이 전부이며, 창구에서 기다리는 동안 금융회사 직원이 추천하는 투자 및 연금 상품을 잘 알지도 못하고 가입하는 경우도 대부분이다. 그래서 우리의 금융생활 환경은 나아졌는가? 안내받아 투자했던 금융상품들은 마이너스가 나거나, 플러스가 났다고 하더라도 다른 상품에 비해 수수료가 비싸 실현 수익률이 하락했던 경험이 있을 것이다. 또한 잘 알지도 못하고 가입한 연금은 10년이 지나도 원금이 안 될 수 있다는 청천벽력 같은 진실을 나중에 알았거나, 자꾸만 찾아오는 보험설계사를 통해 가입한 보험은 알고 보니 불필요했던 상품이었던 경험, 혹은 오히려 지속적으로 금융환경이 안 좋아지는 경우도 있었을 것이다.

금융이라는 어려운 문턱을 활용하여 선량한 금융소비자에게 피해를 주는 일들도 나날이 증가하고 있다. 저금리의 지속으로 인하여 우후죽순 생긴 불법 유사수신 행위, 윤리의식을 저버린 금융회사들의 도를 넘는 행위 등은 금융을 통해 자산을 증식시키고자 하는 이들의 꿈을 뭉개버리기도 하고, 나아가 우리나라의 금융 산업 발전에 해(害)를 끼치기도 한다. 저자는 이 책을 통해 '그래서 어떻게 하면 객관적이고 나에게 도움이 될 정보'를 얻을 수 있는지 최대한 담고자 노력

했다. 금융투자상품을 가려서 볼 수 있는 능력, 투자를 위해 기본적으로 알아야 할 경제 지식과 지표들 그리고 잘 알려지지 않은 경제 및 금융정보, 마지막으로 개인이 살아가면서 필요로 하는 자금을 구성하는 재무설계 방법까지 '금융'을 활용하기 전에 먼저 알아야 할 내용을 담았다.

재무설계를 잘해야 돈으로부터 자유로울 수 있다.

재테크는 돈을 굴리는 기술적인 방법이다. 과거 버블이 붕괴된 후 장기간 저성장을 지내온 일본이 제로금리에 가까운 시중금리를 이기기 위해 만들어 낸 말이다. 기술적인 요소가 가까운 재테크는 '어떻게 하면 조금이라도 수익률을 낼 수 있을까'라는 기본적인 생각에서 시작된다. 이러한 생각만 가득하다면 돈과 관련해서는 자유로워질 수 없다. 오히려 돈이 인생을 지배하는 하루하루를 맞이할 수 있다. 돈이 적고 많고를 떠나서 나의 재정 상황을 이해하고 앞으로 일어날 재무계획을 꼼꼼히 세운 다음에 거기에 맞는 '금융'은 무엇이 있는지, 투자가 필요하다면 어떻게 관리해야 재무계획 달성에 차질이 안 생기는지를 고민하는 것이 비로소 돈으로부터 자유로워진 삶이 될 것이다. 재무설계는 그래서 모든 이에게 필요하다. 안타까운 부분은 이러한 재무설계가 금융상품 및 보험상품을 판매하기 위한 영업수단으로 묻혀버린 것이다. 제대로 된 재무상담을 받아본 적이 있는 사람은 몇 명이나 될까? 재무상담을 통해 오히려 필요하지 않은 상품만 '잔뜩' 가입한 사례도 많다. 도움을 줘야 할 재무설계가 내 금융인생을 잘못된 방향으로 이끈 것이다.

호주는 금융소비자에게 이익을 주고 재무설계사의 전문적인 기준을 높이기 위해 세계 최초로 '재무설계사' 기준을 법적으로 규제했다. 학위 취득자, 실물 경력, 전문자격시험의 통과, 지속적인 전문성 계발, 재무설계사의 윤리 강령 준수의 규정을 두고 있다. 2017년 7월부터 시작된 호주의 재무설계 법적 효력은 향후 올바른 금융 발전에 큰 기여를 할 것으로 보고 있다. 우리나라도 향후 이러한 제도가 완비되어 금융소비자들에게 이익이 되는 환경이 조성되었으면 한다.

끝으로 금융이라는 길에서 흔들림 없이 올바르게 나를 믿어준 고객들, 사랑하는 곽 여사님과 제 동생, 항상 활기찬 우리 곧은 지점 식구들과 지영화 대표님, 그리고 이 책이 나오는 데 도움을 주신 많은 분에게 감사드린다.

최명진/국제공인재무설계사

CONTENTS

PART 02 금융상품사용설명서

PART 03 재무설계 사례

경제를 이해하고
투자하라

경제지표에 따라
배분하라

GDP 전망을 통해
나라별 자산배분 전략을 세우라

경제가 성장하는 나라에 투자하는 것은 누구나 다 아는 얘기다. 그럼 어떤 나라가 성장하는지만 알면 투자의 성공은 절반 정도 챙긴 것이 되지 않을까? 경제성장률은 과거 국민총생산(GNP)을 기준으로 파악했다. 하지만 1980년대 이후부터 다국적 기업이 늘어나고, 외국인에 의한 투자가 증가하면서 GNP보다는 나라 안에서 생산한 투자·산출량·국민소득의 증감분을 전년도와 비교해 산출하여 발표한 국내총생산(GDP)을 경제 성장률로 사용한다.

국제통화기금(IMF) 세계경제전망 보고서를 확인하라

전 세계의 경제성장률을 전망하는 곳 가운데 가장 공신력이 있는 곳은 IMF(국제통화기금)이다. IMF의 홈페이지에 들어가면 꽤 괜찮은 자료들이 많은 편인데, 그중에 매년 4월과 10월에 발표하는 '세계경제전망 보고서'를 확인할 필요가 있다. 여기에 들어가면 엑셀로 각국의 필요한 경제 데이터 전망을 뽑을 수 있는데, GDP와 인플레이션, 실업률, 교역량 등 필수 경제지표를 내려받을 수 있다. 과거부터 최근까지 데이터를 뽑을 수 있으며, 현재 2022년까지의 전망치도 볼 수 있다. 경제지표의 확인은 시점보다는 추이를 보면서 확인하는 것이 바람직하다.

한국의 데이터를 뽑은 내용

Country	SubjectDescriptor	2016	2017	2018	2019	2020	2021	2022
Korea	Grossdomesticproduct, constantprices	2,828	3,022	2,961	2,959	2,945	2,942	2,905
Korea	Inflation, averageconsumerprices	0.972	1.908	1.875	1.9	2	2	2
Korea	VolumeofImportsofgoods	1.082	5.097	3.336	3.594	3.671	3.818	3.896
Korea	Volumeofexportsofgoods	0.832	3.323	3.583	3.49	3.542	3.529	3.466
Korea	Unemploymentrate	3.708	3.8	3.6	3.3	3.2	3.1	3.1

가장 중요한 데이터인 GDP를 확인해보면 우리나라는 내년부터 2022년까지 지속적으로 하락하는 모습을 볼 수 있다.

■ 확인하는 방법

IMF 홈페이지에 들어간 뒤 오른쪽 하단 Publications 항목에 보면, World Economic Outlook이 보인다. 클릭해서 들어가면 Databases를 받을 수 있도록 링크를 걸어두었다.

■ 직접 들어가는 법

http://www.imf.org/external/ns/cs.aspx?id=28

경제협력개발기구(OECD) 경제선행지수를 확인하라

OECD 경제선행지수는 매달 발표하는 자료로 경기와 산업 생산 등이 향후 어떤 방향을 보이는지를 예측하는 종합선행지수이다. 6~9개월 뒤의 경기 흐름을 예측하지만, 발표되는 시점에서 2달 전의 날짜를 사용하기 때문에 대략 3~6개월 뒤의 경기 예측을 한다고 생각하면 된다. 100을 기준으로 총 4단계 국면으로 구분할 수 있다.

- 100을 상회하면서 상승 추이에 있다(확장 국면).
- 100을 상회하면서 하락 추이에 있다(하강 국면).
- 100을 하회하면서 하락 추이에 있다(수축 국면).
- 100을 하회하면서 상승 추이에 있다(회복 국면).

IMF와 마찬가지로 엑셀로 내려받을 수 있어 주로 투자하는 지역의 경제상황을 정리하면 된다.

주로 투자하는 지역의 데이터를 편집한 내용

Country	France	Germany	Italy	Japan	Korea	Spain	UK	USA	Brazil	China	India	Indonesia	Russia
Jan-17	100.3	100.2	100	100	100.7	100.2	99.9	99.6	100.9	99.1	99.4	99.7	100.8
Feb-17	100.3	100.3	100	100.1	100.7	100.1	99.9	99.7	101.1	99.1	99.3	99.9	100.8
Mar-17	100.4	100.4	100	100.1	100.7	100.1	99.8	99.7	101.4	99.2	99.3	100.2	100.8
Apr-17	100.5	100.6	100	100.1	100.7	100	99.7	99.7	101.6	99.3	99.3	100.5	100.7
May-17	100.6	100.7	100	100.1	100.7	99.9	99.7	99.7	101.9	99.5	99.3	100.8	100.6
Jun-17	100.6	100.8	100.1	100.1	100.6	99.8	99.6	99.7	102.2	99.7	99.4	101.1	100.5
Jul-17	100.6	100.8	100.3	100.1	100.5	99.7	99.6	99.7	102.5	100	99.4	101.4	100.4
Aug-17	100.6	100.9	100.4	100.1	100.3	99.6	99.5	99.7	102.9	100.1	99.5	101.6	100.4

■ 확인하는 방법

OECD 홈페이지에 들어가서 상단의 'Data'를 클릭하면 OECD에서 발표하는 각종 경제 데이터를 확인할 수 있다. 경기선행지수는 오른쪽의 'Database access'를 클릭하여 'Monthly Economic Indicators'를 찾는다. 그중 'Composite Leading Indicators(CLI)'가 바로 경기선행지수이다.

■ 직접 들어가는 법

http://stats.oecd.org/Index.aspx?DataSetCode=MEI_CLIIMF는 장기 측면에서 경제성장률을 확인할 수 있고, OECD는 단기 측면(현재~6개 월 후)에서 경제 흐름을 확인할 수 있다. 두 자료를 보면 공통되는 나라가 있다. 해당 나라에 관련된 펀드나 ETF(상장지수펀드)를 찾아 비교하고 투자하면 된다.

OECD의 홈페이지에서 아웃풋 갭(Output Gap)을 확인하라

아웃풋 갭이란, 실질 GDP에서 잠재 GDP를 뺀 수치를 나타내며 물가가 상승 혹은 하락하는지 파악하는 데 중요한 기준점을 제공한다. 만약 아웃풋 갭이 마이너스이면 디플레이션의 압력(물가 하락의 압력)을 받으며, 이러한 경제는 잠재력보다 생산을 적게 하고 이에 따라 실업률도 증가하면서 경제에 부정적인 영향을 준다. 반대로 아웃풋 갭이 플러스인 경우 인플레이션의 압력(물가 상승의 압력)을 받으면서 경제에 긍정적인 영향을 준다.

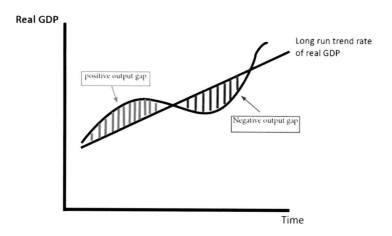

출처: economicshelp, Output Gap Definition

■ 확인하는 방법

OECD 경기선행지수와 마찬가지로 들어가서 왼쪽 상단의 'Popular queries(자주 묻는 질문)'로 들어간 뒤 목록의 'Economic Outlook→Output gap of the total economy'을 클릭하면 확인할 수 있다.

■ 직접 들어가는 법

http://stats.oecd.org/Index.aspx?QueryId=51655

엑셀로 내려받아 주요 나라 및 투자할 나라를 정리한 뒤에 아웃풋 갭의 마이너스가 줄어들거나, 마이너스에서 플러스로 전환되는 시점을 투자의 시점으로 잡는 것이 좋다. 현재 우리나라는 아웃풋 갭의 마이너스가 점점 커지면서 디플레이션의 압력을 받고 있는 중이다.

Variable	Output gap of the total economy					
Frequency	Annual					
Time	2014	2015	2016	2017	2018	2019
Country	Unit					
France %	-1.868	-2.022	-2.116	-1.616	-1.127	-0.788
Germany %	0.349	0.563	1.113	2.332	3.273	3.806
Greece %	-13.327	-12.772	-12.395	-11.097	-9.155	-7.675
Italy %	-5.357	-4.333	-3.189	-1.705	-0.415	0.572
Japan %	-0.434	-0.062	0.268	1.074	1.597	1.856
Korea %	-1.032	-1.514	-1.877	-1.871	-1.963	-2.023
Mexico %	-0.221	0.436	0.552	0.465	0.230	0.050
United Kingdom %	-0.844	-0.211	0.038	-0.026	-0.097	-0.345
United States %	-2.452	-1.296	-1.374	-0.680	0.270	0.745
OECD - Total %2010	-2.015	-1.358	-1.219	-0.464	0.203	0.557

출처: OECD, Output gap of the total economy

TradingEconomics 활용방법

세계 경제지표를 한눈에 바라볼 수 있는 곳을 알아보자. 과거에는 전문투자자나 기관 및 외국인들만 비싼 돈을 내고 볼 수 있는 정보였던 것들이 인터넷의 발달로 누구나 무료로 열람할 수 있게 됐다. 좋은 정보를 제공하는 몇 군데를 즐겨찾기 한다면 글로벌 자산관리에 좀 더 용이할 것으로 보인다.

각국의 경제 데이터를 한눈에 보는 곳, TradingEconomics

tradingeconomics.com에 접속하면 전 세계의 주요 지표를 볼 수 있다. 미국은 좀 더 세부적인 데이터를 제공하니 참고하자.

COUNTRIES ▼	GDP	GDP YoY	GDP QoQ	Interest rate	Inflation rate	Jobless rate	Gov. Budget
United States	18569	2.30%	3.30%	1.25%	2.00%	4.10%	-3.50%
Euro Area	11886	2.50%	0.60%	0.00%	1.50%	8.80%	-1.50%
China	11199	6.80%	1.70%	4.35%	1.90%	3.95%	-3.80%
Japan	4939	1.70%	0.30%	-0.10%	0.20%	2.80%	-4.50%
Germany	3467	2.80%	0.80%	0.00%	1.80%	3.60%	0.80%
United Kingdom	2619	1.50%	0.40%	0.50%	3.00%	4.30%	-3.00%
France	2465	2.20%	0.50%	0.00%	1.20%	9.70%	-3.40%
India	2264	6.30%	1.40%	6.00%	3.58%	3.46%	-3.50%
Italy	1850	1.70%	0.40%	0.00%	0.90%	11.10%	-2.40%
Brazil	1796	1.40%	0.10%	7.50%	2.70%	12.20%	-8.90%
Canada	1530	3.00%	0.40%	1.00%	1.40%	5.90%	-0.90%
South Korea	1411	3.80%	1.50%	1.50%	1.30%	3.60%	-2.40%

출처: tradingeconomics.com, 각국의 주요 경제지표

영문으로 되어 있으나 보기가 힘이 들면 크롬(Chrome)의 번역기를 사용하면 수월하다. 먼저 해볼 작업은 국가별 주요 지표를 비교하는 것이다. 예를 들어 미국과 우리나라의 기준금리 추이를 살펴보자. 먼저 앞의 그림에서 미국을 클릭한 다음 기준금리(interest rate)를 클릭하자. 그럼 그래프 밑에 비교 지표(Compare Indicators)를 찾을 수 있다. 여기에 한국의 기준금리(South Korea Interest Rate)를 입력하면 두 지표 간의 기간별 추이를 살펴볼 수 있다. GDP 성장률·실업률·물가 상승률·금리·무역수지·정부 부채 등 주요 경제지표를 찾아서 확인해보자. 두

나라의 비교만 가능하니 투자하고자 하는 나라든지, 기준이 되는 나라(미국)를 중심으로 비교해서 살펴보자.

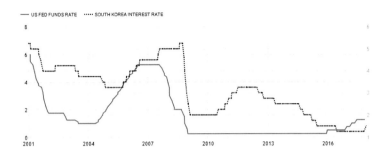

출처: tradingeconomics.com, 미국과 대한민국의 기준금리 추이

경제지표의 상세한 사항은 스크롤바를 내려 확인하면 면면히 살펴볼 수 있다. 예를 들어 미국의 실업률을 검색하면 아래와 같이 상세 정보를 확인할 수 있고, 다른 나라의 실업률도 함께 확인이 가능하다.

United States Labour	Last	Previous	Highest	Lowest	Unit
Unemployment Rate	4.10	4.20	10.80	2.50	percent
Non Farm Payrolls	261.00	18.00	1115.00	-834.00	Thousand
Nonfarm Payrolls Private	252.00	15.00	1089.00	-816.00	Thousand
Government Payrolls	9.00	3.00	427.00	-260.00	Thousand
Manufacturing Payrolls	24.00	6.00	572.00	-519.00	Thousand
Initial Jobless Claims	238.00	240.00	695.00	162.00	Thousand
Continuing Jobless Claims	1957.00	1915.00	6635.00	988.00	Thousand
ADP Employment Change	235.00	110.00	384.00	-846.00	Thousand
Employed Persons	153861.00	154345.00	154345.00	57635.00	Thousand
Unemployed Persons	6520.00	6801.00	15352.00	1596.00	Thousand

출처: tradingeconomics.com, 실업률 연관 지표

이 중에서 미국의 정규직과 파트타임의 고용현황 등을 찾아서 비교해 볼 수도 있다.

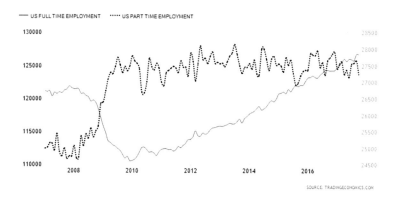

출처: tradingeconomics.com, 풀타임 고용 VS 파트타임 고용

지금 미국의 고용시장은 어떠한가? 풀타임 고용이 증가 추이에 있다. 풀타임 고용, 즉 정규직 채용이 증가하면 노동자들의 임금 상승으로 이어질 수 있다. 이것도 한 번 찾아서 비교하자.

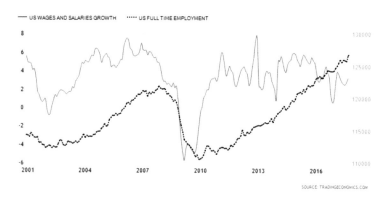

출처: tradingeconomics.com, 미국 임금상승률과 풀타임 고용 현황

임금 상승률을 보면 풀타임 고용에 비해 부진한 것을 볼 수 있다. 이러한 현상은 낮은 인플레이션 기대치와 생산성 저하, 세계화 및 공장 자동화의 영향 등 여러 가지 구조적 문제를 가지고 있어 해결하기에는 시간이 걸릴 것으로 보인다.

단기 및 중기별 예측 자료

앞서 본 자료로 과거부터 현재 시점까지의 추이를 살펴봤다면, 다음은 앞으로 다가올 4분기와 중기별 예측 자료를 살펴볼 수 있다.

South Korea | Economic Forecasts | 2017-2020 Outlook

This page has economic forecasts for South Korea including a long-term outlook for the next decades, plus medium-term expectations for the next four quarters and short-term market predictions for the next release affecting the South Korea economy.

Overview	Actual	Q4/17	Q1/18	Q2/18	Q3/18	2020		
GDP Growth Rate	1.50	0.6	0.7	0.8	1.5	1	percent	[+]
Unemployment Rate	3.60	3.6	3.8	3.7	3.8	4.1	percent	[+]
Inflation Rate	1.30	2.3	2.1	2.3	1.6	2.8	percent	[+]
Interest Rate	1.50	1.5	1.5	1.5	1.75	2.25	percent	[+]
Balance of Trade	7800.00	6179	7703	8900	6477	17300	USD Million	[+]
Government Debt to GDP	38.60	39	38	38	38.65	44	percent	[+]

출처: tradingeconomics.com, 한국의 경제전망

국제통화기금(IMF) 자료와의 차이점은 주요 경제지표 외에도 다양한 경제지표의 예측을 볼 수 있으며, 앞으로 1년을 분기별로 나눠서 예측했다는 점을 들 수 있다. 가까운 미래라 단기 예측에 큰 도움이 될 것이다.

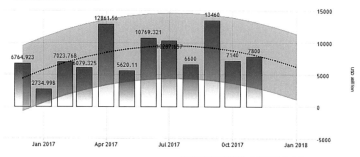

출처: tradingeconomics.com, 무역수지 전망치

우리나라 무역수지는 2017년 기저효과와 반도체에 힘입어 성장했지만, 2018년에는 지난해 대비하여 세계 경제가 위축될 것이라는 점과 선진국(미국과 유럽)의 통화긴축, 그리고 중국과의 교역여건 악화 등으로 수출이 줄어들어 무역수지가 2017년보다 하락할 것으로 보인다.

즐겨찾기 1순위 경제지표 사이트, tradingeconomics

각 경제지표의 상황 설명과 더불어 최근 발표된 관련 보도 자료까지 볼 수 있어 친절한 사이트임에는 분명하다. 경제지표뿐만 아니라 실시간으로 각국의 주식시장, 통화, 채권과 원자재의 가격까지 볼 수 있다. 유료 회원이 되면 엑셀 형태로 더 상세한 데이터와 총 10가지의 지표를 비교할 수 있으나, 무료 회원이더라도 충분히 활용 가능하니 1순위 경제지표 사이트로 즐겨찾기 해두자.

글로벌 위험 신호를 포착하라

전 세계에서 일어나는 모든 일을 다 알아야 투자를 할 수 있을까? 지금 이 시간에도 어디에선가는 테러가 일어나고, 또 다른 곳에서는 숏포지션(가격이 하락하는 데 베팅하는 것)이 증가하며, 여러 가지 셀 수 없는 일들이 일어나고 있다. 어떠한 것은 세계 경제에 치명상을 입힐 수 있으며, 또 무언가는 잠깐의 주가 조정 정도로 끝나는 것들도 많이 있을 것이다. 이처럼 우리도 모르는 사이에 많은 일이 일어나는데 이것을 다 관찰하기에는 시간과 체력이 턱없이 부족하다.

중요한 위험지표만 알아도 본전은 찾는다

많은 지표 가운데 몇 개는 위험지표라 불리는 것이 있다. 위험지표가 의미하는 바를 알고 대처하면 자산의 폭락은 막을 수 있을 것이다. 美 세인트루이스 연방은행에서 제공하는 정보들을 가지고 찾아보자.

① 장단기 금리 차이(경기 불황 전 단기 채권으로 몰리는 현상)

경제는 성장하고 인플레이션도 발생되므로 장기 투자하는 투자자들에게는 미래의 불확실성과 인플레이션에 대해 보상해야 한다. 일반적으로 장기금리가 단기금리보다 높은 이유이다. 반대로 향후 경제가 둔화되거나 침체될 가능성이 높아지고, 인플레이션의 발생도 억제되는 상태라면 미래의 단기금리가 하락할 것이라고 생각해 단기 채권으로 몰리게 되어 장단기 금리 차이가 역전된다. 보통 금리 차이가 역전되면 6개월~1년 이내에 경기가 꺾이는 현상이 나타난 경우가 있다. 그래서 투자자들은 장단기 금리 차이를 눈여겨 살펴봐야 한다. 금리 차이가 축소되는지 확대되는지를 봐야 하는 것이다.

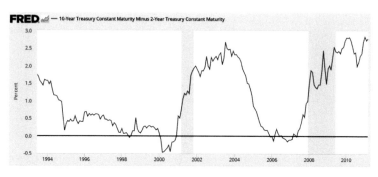

앞의 그림을 보면 10년 물과 2년 물의 금리 차이를 나타내고 있다. IT 버블과 서브프라임모기지가 터지기 6개월~1년 전 단기금리가 역전된 모습(0 이하로 하락)을 볼 수 있다. 최근에 지속적으로 축소되는 모습을 보이고 있어서 유심히 지켜볼 첫 번째 위험지표이다.

② TED Spread(시중의 자금 부족 현상 파악)

TED Spread는 미국 재무부의 단기채인 'Treasury Bill(T)'와 'Euro Dollar(ED)'의 합성어다. 일반적으로 미국에서 발행하는 Treasury Bill은 무위험 안전자산이다. 언제든지 찍어낼 수 있기 때문이다. 미국을 제외한 나라와 미국 은행의 해외지점에 예치된 달러 자산의 대외 거래 금리는 리보 금리(유로 달러)로 사용한다. 둘 간의 금리 차이를 'T-ED' 스프레드라고 한다. 경제 상황이 안 좋아져 시장에서 돈 구하기가 어려우면 ED(리보금리)는 올라간다. 반대로 T(미국 단기채) 금리는 낮아진다. 다시 얘기하면 스프레드가 벌어진다는 것이다.

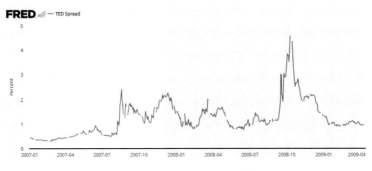

출처: fred.stlouisfed.org, TED Spread

통상 TED 스프레드는 0.3~0.5% 정도이지만 미국 금융 위기 때에
는 10배 이상 오르기도 했다. TED 스프레드가 올라가는지 내려
가는지 확인을 해야 하는 이유이다.

③ 스트레스테스트(금융리스크)&주간 실업수당 청구건수(실시간 고용시장 상황)

금융시장에 투자 위험이 높아질 때를 숫자로 표현해 만든 지표를
금융스트레스 지수(financial stress index, FSI)로 부른다. 우리나라의
고용보험 청구와 마찬가지로 미국도 주간 실업수당 청구 건수라
는 지표를 발표한다. 주간 단위로 발표하기 때문에 미국의 고용시
장을 실시간으로 파악할 수 있다는 신속성이 있다. 미국은 소비의
나라로 그 근간이 되는 고용상황은 매우 중요하다. 금융시장과 고
용시장을 동시에 확인할 수 있게 그래프를 함께 합쳐서 살펴보면
좋다. 물론 둘 다 올라가면 위험하다는 뜻이다.

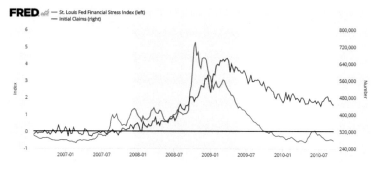

출처: fred.stlouisfed.org, 금융스트레스 지수와 주간 실업수당 청구건수

기준은 금융스트레스 지수가 0을 넘어서는지, 주간 실업수당 청구건수가 32만을 넘어서는지이다. 확인하고 위험자산 및 안전자산의 비율을 조정하도록 하자.

④ 미국 경기 침체신호(Smoothed U.S. Recession Probabilities)

Marcelle Chauvet과 Jeremy Piger가 만든 지표로 실제 개인 소득과 제조 및 무역 판매 등의 지표를 바탕으로 만든 자료이다. 역사적으로 경기 침체신호의 80% 이상이 3개월 연속 지속할 때 경기 침체 시작의 신뢰 있는 신호였고, 반대로 20% 미만이 3개월 연속 지속될 때 경기 확장에 대한 신호라고 말하고 있다.

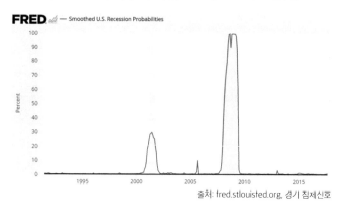

출처: fred.stlouisted.org, 경기 침제신호

그래프를 보면 위기 직전에 튀어 오른 것을 볼 수 있다. 현재는 1도 안 되는 미미한 수준이지만 10 이상에 가깝게 튀어 오르면 안전자산으로 비중을 옮기는 것이 좋은 방법이라 생각된다.

⑤ 신용부도스와프, CDS 프리미엄

CDS는 'Credit Default Swap'의 약자로 각국의 부도 위험을 나타내는 명확한 지표이다. 투자하는 나라의 부도에 대비해 보험료를 지불하고(CDS 프리미엄) CDS를 사면 해당 나라가 부도가 나더라도 보험금(투자금액)을 받을 수 있는 셈이다. CDS 프리미엄이 올라가면 해당 나라의 부도 위험이 높아졌다는 뜻으로, 각국의 신용상태를 알 수 있다.

☁CNBC

DERIVATIVES | CREDIT-DEFAULT SWAPS

TREASURYS | U.K. | GERMANY | ITALY | FRANCE | JAPAN | AUSTRALIA | CANAD

Symbol ▼	Price ▼		Change ▼	%Change ▼
*AUT CDS 5YR	15.165	▲	0.79	5.50%
*BEL CDS 5YR	15.875	▲	0.195	1.24%
*CHN CDS 5YR	55.185	▼	-1.19	-2.11%
*DEN CDS 5YR	13.47	---	UNCH	0%
*DUBAI CDS 5YR	127.03	▲	0.69	0.55%
EGY CDS 5YR	---		---	---
*FIN CDS 5YR	15.95	---	UNCH	0%
*FRA CDS 5YR	17.04	▼	-0.555	-3.15%
*GER CDS 5YR	9.535	▲	0.03	0.32%
*GRE CDS 5YR	13.7543	▼	-415.5407	-96.80%

출처: www.cnbc.com/sovereign-credit-default-swaps, CREDIT-DEFAULT SWAPS

자료는 CNBC에서 검색할 수 있다. 각국의 CDS 상태를 확인하면서 비교해 보자.

JP Morgan, 마켓가이드라인을 분기별로 활용하라

자산배분은 장기적인 시각에 따라 비중을 조정하는 것이 좋으며, 여기에 맞게 투자하려면 거시경제지표를 활용하는 것이 바람직하다. 전 세계에서 가장 많이 쓰이며, 신뢰도가 높은 몇 가지 경제지표를 이해하고 관련된 자료만 수집할 수 있다면 장기적인 성과에 큰 영향을 미칠 것으로 생각된다. 특히 세계적인 운용사들이 내놓는 자료를 활용하면 글로벌 자금의 흐름을 예상하고 투자의 방향을 잡는 데 큰 도움이 될 것이다.

JP Morgan, Guide to the Markets

그중 가장 대표적인 보고서는 제이피모건의 마켓가이드라인이다. 본사 홈페이지에 들어가면 오른쪽과 하단에 'Guide to the Markets' 라는 링크가 있다. 12월(1분기), 3월(2분기), 6월(3분기), 9월(4분기) 이렇게 4번씩 분기별 자료를 내놓고 있다. 영어로 된 자료라 보기는 조금 힘이 들어도 상당히 훌륭한 정보를 제공하기 때문에 1년에 4번만 힘든 고생을 해보자. 힘든 만큼 결실로 보답해주지 않을까.

미국의 경제와 자산시장, 주요 선진시장과 이머징마켓에 대한 부분으로 내용을 구성하고 있다. 몇 가지 중요한 부분을 소개해 본다.

① S&P 500 valuation measures

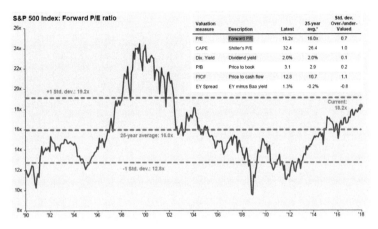

미국을 대표하는 지수인 S&P500의 주가수익배율(Price-earnings ratio)을 나타낸 그래프이다. 25년 간의 역사적 평균에 비해 주가수익배율과 주가순자산비율(P/B)이 얼마인지 확인해보면, 주식시장이 어디쯤 위치해 있는지 알 수 있다. 현재는 역사적 평균에 비해 모든 수치가 높지만 크게 과열되었다고 보기는 힘든 상태이다. 추가적인 증시 상승이 있어도 크게 이상하지는 않다는 것이다.

② Returns and valuations by sector

	Financials	Real Estate	Materials	Industrials	Cons. Discr.	Technology	Energy	Health Care	Telecom	Cons. Staples	Utilities	S&P 500 Index	
S&P weight	14.8%	2.9%	3.0%	10.3%	12.2%	23.8%	6.1%	13.8%	2.1%	8.2%	2.9%	100.0%	Weight
Russell Growth weight	3.4%	2.5%	3.7%	12.8%	18.1%	37.9%	0.9%	12.8%	1.0%	6.8%	0.0%	100.0%	
Russell Value weight	26.6%	4.7%	3.0%	8.4%	6.8%	8.5%	11.0%	13.5%	3.0%	8.6%	5.9%	100.0%	
QTD	8.6	3.2	6.9	6.1	9.9	9.0	6.0	1.5	3.6	6.5	0.2	6.6	Return (%)
YTD	22.2	10.8	23.8	21.0	23.0	38.8	-1.0	22.1	-1.3	13.5	12.1	21.8	
Since market peak (October 2007)	18.7	67.4	76.7	113.7	209.8	199.0	16.3	177.7	54.4	170.6	91.0	113.0	
Since market low (March 2009)	548.2	520.7	320.9	487.3	617.1	526.5	112.9	347.7	195.0	279.5	234.2	376.0	
Beta to S&P 500	1.44	1.29	1.28	1.21	1.11	1.09	0.98	0.73	0.59	0.58	0.46	1.00	β
Correl. to Treas. yields	0.83	-0.28	0.43	0.49	0.37	0.09	0.46	0.10	-0.22	-0.49	-0.60	0.38	α
Foreign % of sales	30.8	-	53.0	44.9	35.1	57.2	58.9	37.4	17.4	33.7	46.3	43.2	%
NTM Earnings Growth	12.5%	3.7%	13.5%	7.9%	3.4%	18.7%	24.0%	3.3%	-0.9%	7.3%	6.7%	10.1%	EPS
20-yr avg.	6.2%	2.6%	8.4%	6.4%	9.2%	9.1%	10.3%	9.0%	2.7%	5.8%	2.4%	5.8%	
Forward P/E ratio	14.9x	17.0x	18.4x	19.8x	21.2x	18.8x	25.7x	16.8x	13.3x	19.9x	17.4x	18.2x	P/E
20-yr avg.	12.9x	15.3x	13.9x	16.3x	18.0x	20.9x	17.6x	17.5x	16.5x	17.1x	14.1x	16.0x	
Trailing P/E ratio	17.6x	36.6x	27.6x	23.7x	24.8x	24.3x	36.3x	23.7x	16.1x	21.7x	21.0x	23.1x	
20-yr avg.	15.5x	35.6x	18.9x	20.0x	19.2x	25.7x	17.7x	24.1x	20.0x	20.9x	16.0x	19.6x	
Dividend yield	1.8%	3.5%	1.9%	1.9%	1.4%	1.3%	2.8%	1.7%	5.1%	2.8%	3.7%	2.0%	Div
20-yr avg.	2.3%	4.4%	2.6%	2.1%	1.4%	0.9%	2.3%	1.8%	4.1%	2.6%	4.0%	2.0%	

Sector weights over time
S&P 500 technology, energy and financial sector weights, 20 years

	Max	Min	Current
Technology	33.6%	12.2%	23.8%
Financials	22.3%	9.8%	14.7%
Energy	16.2%	5.1%	6.1%

출처: JP Morgan. Guide to the Markets

미국 내 산업별 주식수익률과 S&P500에서 차지하는 비율을 나타 낸 수치이다. 어느 산업으로 자금이 몰리고 있고, 성장하는지 파 악하는 데 도움이 되는 자료이다. 기술주를 눈여겨보자. 직전 연 도 수익률도 높을 뿐만 아니라 S&P500에서 차지하는 비중도 점 점 커지고 있다. 최근에 많이 올랐다고 과열은 아닌가라는 논란도 있지만, 20년 평균 주가수익비율과 비교해 보면 낮은 수준에 머물 고 있다. 다음의 그래프를 보면 이해하기가 쉽다. 2000년대 IT버블 로 인해 S&P500에서 차지하는 비중은 빠른 속도로 올랐다가 버 블 붕괴로 크게 추락했다. 과거의 버블로 역사적인 평균과의 비교 는 크게 중요하지 않을 수 있지만, 최근의 상승 속도는 과거의 급상승과는 다른 모습을 보이고 있으며, 향후 4차 산업의 기대로 인해 S&P500에서 차지하는 비중도 점점 커질 것으로 보인다.

③ Consumer finances

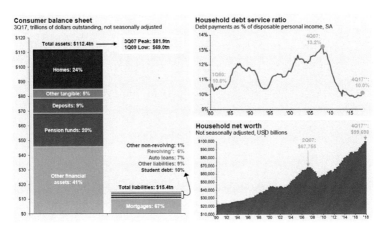

출처: JP Morgan. Guide to the Markets

미국은 가계 소비가 GDP에서 가장 큰 부분을 차지한다. 가계 재정 부분을 통해 미국 경제의 내실을 내려다볼 수 있다. 재정구조를 보면 우리나라와는 현저히 다른 모습을 보인다. 우리나라는 부동산 위주의 자산구조이고 금융자산도 대부분 은행 예금으로 치중되어 있지만, 미국은 실물자산보다는 금융자산 위주로 구성되어 있으며, 연금펀드(Pension funds)로 노후에 대비하는 비중도 우리나라에 비해 상당하다고 볼 수 있다. 가계부채와 순자산도 금융위기 이후 건실해지고 있는 모습을 보이고 있다.

④ Unemployment and wages

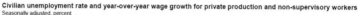

출처: JP Morgan. Guide to the Markets

실물경제지표 중 가장 중요한 실업률과 실질임금 상승률을 나타
낸 그래프이다. 실업률은 완전고용 수준의 모습을 보이고 있어 금
리 인상의 한 요소를 가리키고 있으나, 실질임금이 이를 받쳐주지
못하고 있어 금리 상승 요소의 억제 부분으로도 볼 수 있다. 향후
실질임금이 올라가지 못하는 상황에서 빠른 인플레이션이 보이면
가계의 실질가처분소득이 줄어드는 결과를 나타내기 때문에 연준
의 금리인상 정책에도 큰 영향을 미칠 것으로 생각된다. 지속되는
달러약세도 수입물가 상승(자국 내 인플레이션 자극)의 결정적인 요소라
달러의 방향성도 함께 고려해야 한다.

⑤ Inflation

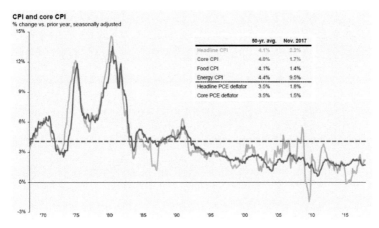

CPI and core CPI
% change vs. prior year, seasonally adjusted

	50-yr. avg.	Nov. 2017
Headline CPI	4.1%	2.2%
Core CPI	4.0%	1.7%
Food CPI	4.1%	1.4%
Energy CPI	4.4%	9.5%
Headline PCE deflator	3.5%	1.8%
Core PCE deflator	3.5%	1.5%

출처: JP Morgan. Guide to the Markets

가격 변동성이 큰 식품과 에너지를 제외한 서비스의 판매 가격 변동을 책정하는 지표를 근원 소비자 물가지수(Core CPI)라고 한다. 이 부분이 아직 연준이 목표로 하는 물가에 미치지 못하고 있어(38페이지 '참고') 지금까지는 금리인상이 더딘 모습을 나타내었다. 실질 임금이 상승하지 못하더라도 물가가 낮으면 가처분소득이 현 상태를 유지하여 가계의 불만을 잠재울 수 있겠지만, 증가하는 자산시장의 거품이 향후 또 다른 금융위기를 초래하지 않을까라는 불안감으로 연준은 금리를 정상화시키고자 한다. 올해 임금상승률과 함께 봐야 할 것이 물가상승률이다. WTI 등 에너지의 급상승으로 영향받는 물가지수보다 근원 소비자 물가지수를 확인하는 것이 더욱 중요하다.

금융위기 후 미국은 경제의 양호한 성장에도 불구하고 목표로 하는 물가상승률의 하회로 인해 금리 정상화를 늦춰왔다. 왜 미국의 인플레이션은 낮게 형성되었을까? CME그룹의 이코노미스트인 에릭 놀란드(Erik Norland)의 인터뷰를 인용하면 다음과 같다. 낮은 인플레이션의 큰 원인은 소득불평등에 있다. 과거 1940년대부터 1970년대까지는 상위 1%가 전체 부의 10% 정도를 벌었지만, 2000년대에는 약 20~23% 정도를 벌고 있다. 평등했던 사회에서 불평등한 사회로 뒤바뀐 셈이다. 이는 중앙은행이 실시하는 통화정책의 영향력이 달리 적용되는 모습을 보이게 한다. 과거에는 중앙은행이 돈을 풀면 모든 사람에게 흘러갔다. 그 시대에는 공급보다 수요가 큰 편이라 풀린 돈들이 곧바로 소비로 이어져 빠른 시간 내에 인플레이션으로 이어지게 됐다. 하지만 불평등이 심화된 최근의 사회에서는 풀린 돈들이 소비로 이어지지 않고 부동산, 주식, 국채 등 자산 시장으로 흘러가 버블을 만들게 된다. 결국 소비자의 소비로 이어지지는 않는 셈이다. 과학기술의 빠른 발전과 세계화, 노조의 협상력 약화 등도 요인이다. 미국 내 노동자들의 임금이 지나치게 상승하면 어떤 일이 벌어질까? 업무가 자동화로 바뀌면서 노동자를 대체할 수 있고, 공장 자체가 임금이 낮은 해외로 아웃소싱될 수 있다. 결국 사람들도 인플레이션과 관련하여 무슨 일이 일어나는지 이해하고 있다.

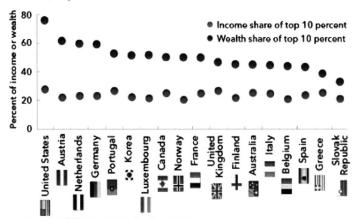

SHARING THE WEALTH?

Wealth, such as pensions and investments, is more
unequally distributed than income

● Income share of top 10 percent
● Wealth share of top 10 percent

Source: OECD Wealth Distribution Database.
Note: Data from 2010 or latest available year.

출처: IMF, 소득 불평등의 정도

⑥ The Fed and interest rates/The Federal Reserve balance sheet

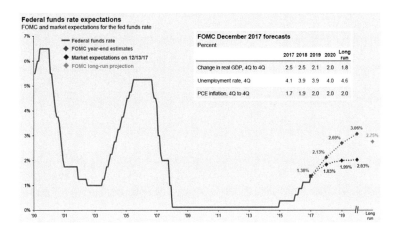

Federal funds rate expectations
FOMC and market expectations for the fed funds rate

— Federal funds rate
◆ FOMC year-end estimates
◆ Market expectations on 12/13/17
◆ FOMC long-run projection

FOMC December 2017 forecasts
Percent

	2017	2018	2019	2020	Long run
Change in real GDP, 4Q to 4Q	2.5	2.5	2.1	2.0	1.8
Unemployment rate, 4Q	4.1	3.9	3.9	4.0	4.6
PCE inflation, 4Q to 4Q	1.7	1.9	2.0	2.0	2.0

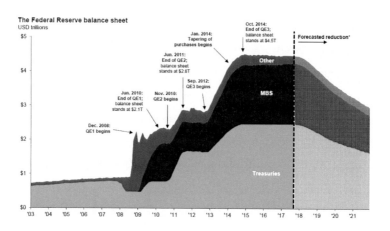

The Federal Reserve balance sheet
USD trillions

출처: JP Morgan. Guide to the Markets

이어서 볼 수 있는 자료는 연방준비제도의 기준금리인상과 자산매 각 예측이다. 시장에서 예상하는 금리의 방향과 FOMC가 추정하 는 금리는 큰 차이를 보이고 있다. 이 부분이 시장에서 염려하는 부분인데 2018년부터는 본격적인 금리인상이 이뤄질 전망이며 함 께 자산매각도 진행될 것이다. 자산시장은 금리인상을 반기지 못 하는 수준까지 올라왔는지(=거품), 탄탄한 경제의 기초체력으로 인 해 실물경제와 더불어 자산시장도 굳건히 버틸 수 있는지 지켜봐 야 한다. 금리인상의 속도가 결정지을 것이다.

⑦ Fixed income yields and returns

Impact of a 1% rise in interest rates
Assumes a parallel shift in the yield curve and steady spreads

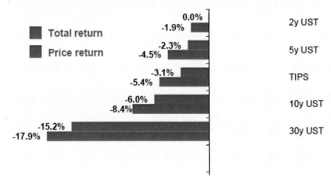

출처: JP Morgan. Guide to the Markets

금리 1% 인상 시 주요 채권들의 변화를 나타낸 자료이다. 왜 2018 년은 채권시장이 약세를 보일지 알 수 있는 대목이다. 특히 2018 년 9월부터 ECB가 미국과 함께 금융시장 정상화에 본격적으로 뛰어들 경우 채권시장의 약세는 두드러질 것으로 보인다. 국내도 장기금리 상승으로 인해 채권이 약세인 상황이다. 내가 가지고 있는 포트폴리오에서 채권의 비중은 얼마이며, 빠른 시일 안에 정리해야 할지 결정해서 행동으로 옮겨야 할 때이다.

⑧ International equity earnings and valuations

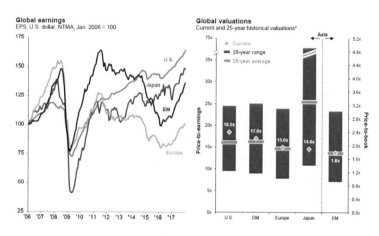

Global earnings
EPS, U.S. dollar, NTMA, Jan. 2006 = 100

Global valuations
Current and 25-year historical valuations*

출처: JP Morgan, Guide to the Markets

글로벌 주요 지역 주식시장이 저평가되었는지 혹은 고평가되었는
지를 한눈에 비교해서 볼 수 있는 매력적인 자료이다. 현재는 어디
가 저평가되어 있는지 역사적인 평균과 함께 바라볼 수 있어 자산
포트폴리오를 구성하는 데 큰 도움이 될 것으로 생각된다. 그러나
일본의 경우 과거 버블기로 인해 현재의 주식시장 가치가 크게 저
평가되어 있는 모습은 감안해서 봐야 한다.

⑨ China: Economic growth and debt

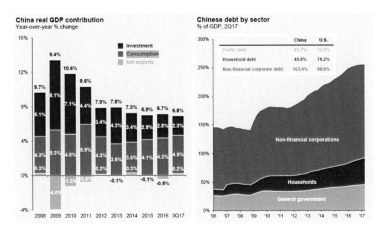

출처: JP Morgan. Guide to the Markets

보고서는 미국과 글로벌 경제 및 자산시장을 분석한 뒤 주요 국가의 경제 이슈를 다룬다. 특히 각국이 취하고 있는 경제정책 혹은 처해진 중요한 문제들에 대한 부분을 보여주고 있어서 글로벌 경제의 현 상황을 이해하는 데 도움이 된다. 특히 중국의 경우는 글로벌 금융위기를 극복하고자 실행했던 대규모 설비투자가 부실화되면서 발생된 부채문제를 다루고 있다.

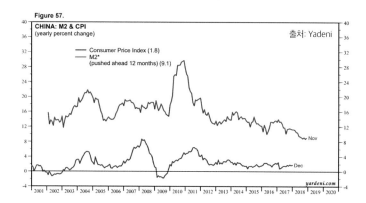

Figure 57.

현재 과도한 부채문제와 부동산 과열을 막고자 중국은 통화량을 긴축하는 정책을 실시하고 있으며, 2018년에도 M2 증가율을 9% 이내로 억제하는 모습을 보일 가능성이 높다. 경제성장률도 날로 하락하고 있는 모습을 보이고 있기 때문에 2018년도에는 6%대 성장률을 지켜낼 수 있을지도 관건이다.

⑩ Emerging market currencies and current accounts

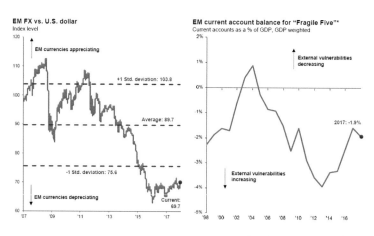

출처: JP Morgan. Guide to the Markets

이머징시장의 통화가치와 재정수지가 약한 5개 국가(브라질, 인도, 인
도네시아, 남아프리카, 터키)의 모습을 나타낸 자료이다. 2013년 이머징시
장은 선진국의 양적완화 종료와 이로 인한 급격한 달러가치의 상승
으로 테이퍼탠트럼(긴축발작)[1]을 보였다. 밑의 그림은 테이퍼탠트럼 이
후 주요 신흥시장의 자산시장 및 환율의 모습을 보여준 그림이다. 주
식시장은 크게 하락했고, 환율과 10년물 국채수익률은 큰 폭의 상승
을 나타냈다.

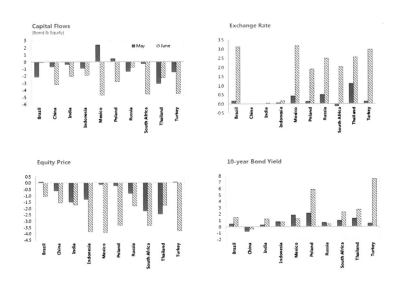

출처: IMF, LESSONS FROM THE TAPER TANTRUM

1　선진국의 양적 완화 축소 정책이 신흥국의 통화 가치와 증시 급락을 불러오는 현상.
　-네이버지식백과

이후 트럼프의 등장으로 달러가 약세가 되면서 다시 안정기를 회복했으며, 테이퍼탠트럼의 공포를 느낀 신흥국은 정책금리를 인상하고, 경상수지적자 폭도 줄이며 향후 달러의 강세에 대비하는 모습을 보이고 있다. 미국이 달러 약세 정책을 당분간 취할 것으로 보이기 때문에 신흥시장의 자산이탈은 크게 일어날 것으로 보이지 않으나, 빠른 속도의 금리인상과 이로 인한 달러 자산으로의 회귀가 발생하면 또한 번의 테이퍼탠트럼이 발생할 가능성도 배제할 수 없다. 특히 재정수지가 약한 5개국을 중심으로 포트폴리오의 재조정도 고려해야 한다. 신흥국 투자는 환율과 재정수지를 함께 고려해야 한다.

⑪ Global commodities

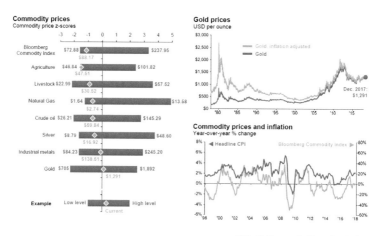

출처: JP Morgan. Guide to the Markets

마지막은 주요 실물자산(원자재)의 현재 가치(가격)를 보여준다. 2018년은 인플레이션이 화두로 떠오른 만큼 그동안 소외됐던 실물자산에 대해 투자 비중을 고려해보는 것도 좋으며, 특히 금의 귀환은 지속적으로 상승하는 주식시장의 이면을 보여주고 있어 꼭 염두에 두고 있어야 할 부분이기도 하다.

2018년에는 어디로 투자해야 될까?

2018년에는 어디로 투자해야 할까? 아직까지 주식시장은 괜찮을까? 올 한 해 중국 시장은 어떠할까? 여러 가지 궁금증이 많아지는 시즌이다. 해답은 사실 없다. 시장은 여러 사람의 생각이 모인 곳이므로 어느 누구도 그 방향성에 대해 정확한 대답을 할 사람이 없다. 이럴 때에는 객관적인 지표를 가지고 예측해보는 것이 좋은 방법일 것이다. 세계적으로 대표적인 각 자산운용사에서 언급하는 내용 중 흥미로운 지표들을 찾아 투자의 방향을 예측해본다.

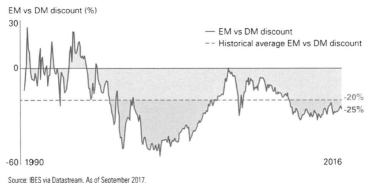

Exhibit 10: EM equities have continued to trade at an attractive discount to DM
EM vs DM 12-month forward P/E premium/discount

EM vs DM discount (%)

— EM vs DM discount
-- Historical average EM vs DM discount

-20%
-25%

Source: IBES via Datastream, As of September 2017.

출처: 골드만삭스, 2018 Investment Outlook

자료는 골드만삭스 홈페이지의 2018년 경제예측 자료에서 발췌한 내용이다. 역사적인 평균과 현재 선진시장과 신흥시장의 주식시장 매력도를 평가한 자료이다. 어디가 매력적인가?

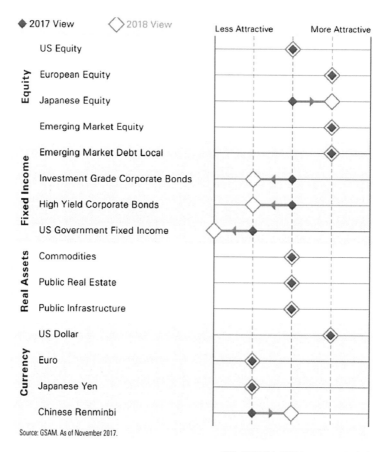

출처: 골드만삭스, 2018 Investment Outlook

위 자료를 통해 자산배분의 힌트를 얻을 수 있다. 주식시장으로는 유럽과 일본, 이머징마켓이 매력적이며 통화는 유로와 엔화가 약세를 지속할 것으로 보인다. 유럽과 일본은 환헤지를 통해 환리스크를 피하며, 달러 강세로 인한 달러 인덱스로의 배분도 필요해 보인다. 채권은 부정적인 모습이 강하며, 원자재와 부동산, 인프라 등 실물 자산은 2017년과 비슷하게 보고 있다.

Exhibit 5: A slowdown in China's debt growth is offset by a large fiscal deficit

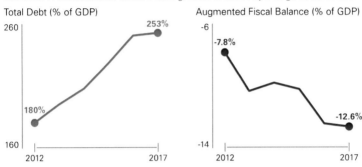

Source: IMF, CEIC. Annual data. Debt as of September 2017. Fiscal balance as of August 2017.

출처: 골드만삭스, 2018 Investment Outlook

중국 경제는 향후 몇 년간 경착륙할 것으로 생각되지는 않지만, 부채조정으로 인해 성장률이 떨어질 것으로 내다보고 있다. 최근 부채 증가율이 둔화된 것은 다행이지만, GDP 대비 재정수지 적자를 해결하는 중국 정부의 정책도 유심히 봐야 할 대목이다.

뱅가드그룹이 보는 내년도 경제전망은 어떨까?

Figure I-6. A more optimistic outlook

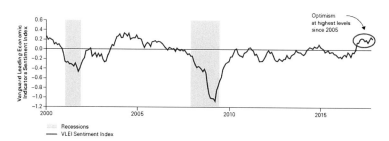

출처: 뱅가드, 2018 Vanguard economic and market outlook for 2018

뱅가드그룹이 만든 경기선행지수(VELI)는 2005년 이래로 가장 높은 낙관을 보이고 있다. 소비자신뢰지수와 기업의 경기 낙관이 지수를 끌어올렸다.

Figure I-22. Economic growth prospects

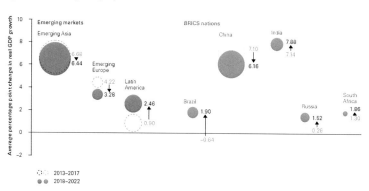

출처: 뱅가드, 2018 Vanguard economic and market outlook for 2018

경제전망치를 보면 브릭스 국가 중 중국 경제의 하락이 눈에 띄며, 아시아 신흥국들은 견조한 성장세를 유지할 것으로 보인다.

Framework for Interaction Between Financial and Business Cycles

Reflation
- Growth recovers
- Inflation troughs
- Policy rates low
- Bond yields rise
- Credit spreads tighten
- Equities recover

Goldilocks
- Economy strengthens
- Inflation rises toward target
- Easy financial conditions
- Central banks ponder tightening
- Most assets still do well

Liquidity Pump

Excess Capacity

Excess Demand

2017

2018

Bear Market
- (Growth) recession
- Deflationary pressures
- Credit and equity bear markets
- Bonds rally
- Safe haven sought

Tougher Times Ahead
- Growth peaks
- Inflation rises above targets
- Monetary policy tightened
- Bonds sell off
- Credit spreads widen

Liquidity

출처: 골드만삭스, On The Markets

골드만삭스가 예상하는 2018년의 경제 국면이다. 풍부한 유동성을 바탕으로 회복된 경기 국면이 이제 초과 수요 국면으로 전환되고 있다. 이 시기에는 빠른 성장과 예상 목표치를 넘는 인플레이션으로 인해 통화정책은 긴축을 쓰며, 이로 인해 채권시장은 매도 자세를 취해야 한다.

2018년에 떠오르는 리스크는?

1. 2018년 2분기 미국 인플레이션 상승
2. 2018년 2분기 ECB 출구 신호
3. 해외 수요 둔화로 미국 투자등급(IG)과 투기등급(HY) 스프레드 확대
4. 새로운 연준 리더십 시험대
5. 독일 인플레이션 상승세 예상 상회
6. 독일 임금 상승세 예상 상회
7. EU 마이너스 금리 중단에 따른 글로벌 시장 여파
8. 일본은행 리더십 변화로 2018년 2분기 국채 수익률
    타기팅 정책 폐기 가능성
9. 미국 국채와 독일 국채의 기간 프리미엄 상승
    (글로벌 중앙은행들의 QE 중단 여파)
10. 미국 주식의 밸류에이션과 펀더멘털 불일치
11. 미국 주식시장 조정
12. 인플레이션 상승, 지정학적 리스크, 혹은 글로벌 중앙은행들의 QE 둔
    화에 따른 변동성 확대
13. 비트코인 붕괴와 이에 따른 개미투자자들의 시장 신뢰도 여파
14. 북한
15. 예상을 웃도는 미국 감세안 효과
16. 미국 불평등의 지속적 상승세→유권자 불만 고조→포퓰리즘 성행
17. 뮬러 특검
18. 11월 미국 중간 선거
19. 이탈리아 총선(4월 예정)
20. 브렉시트 협상
21. 영국 새 정부 출현 가능성
22. 영국이 EU 탈퇴 결정 번복할 가능성
23. 아일랜드 대통령 선거
24. 영국 지방 선거
25. 러시아 대통령 선거
26. 원자재 가격 상승
27. 캐나다 혹은 호주 주택 거품 붕괴
28. 스웨덴 혹은 노르웨이 주택 거품 붕괴
29. 중국 주택 거품 붕괴와 관련 중국 주식시장 조정
30. 중국 경제 경착륙

출처: 도이치뱅크

도이치뱅크에서 2018년 시장에 직면한 30개의 최대 위험을 발표했다. 가장 큰 리스크는 인플레이션으로 인한 미국의 금리 가속화이며, ECB의 출구전략이다. ECB는 2018년부터 채권 매입을 줄여나가기로 결정했으며(600억 유로에서 300억 유로로 축소), 상황에 따라 얼마든지 부양책 카드를 꺼낼 여지도 남겨 놓은 상태이다. 유럽은 2019년부터 본격적인 금리 인상 기조에 진입할 것으로 보인다.

The Path to Zero
The ECB will halve net asset purchases in January and is seen stopping by the end of 2018

■ Net monthly asset purchases, prior survey   ■ Current survey

Data: Bloomberg surveys; graphic by Bloomberg Businessweek

출처: 블룸버그

국내에는 비트코인 붕괴와 북한의 지정학적 리스크, 중국의 자산 가격 붕괴와 경착륙 등 직접적인 영향을 줄 수 있는 이벤트도 있는 상황이다. 30개의 리스크 중 몇몇은 계속 말이 나왔던 것도 있으며, 언제 터져도 전혀 이상하지 않을 것이다. 당연히 투자자 입장에서는 전체 투자자산 중 달러 자산과 금을 통해 위험 상황에 대비하는 인지도 있어야 한다.

안전자산에 투자하기

위기는 어디서 오는가?

경제 위기는 어디서 오는 걸까? 『THE NEXT ECONOMIC DISAS-TER(다음번 경제 재산)』의 저자 리처드베이그(Richard Vague)는 다음과 같이 말한다.

경제 위기 혹은 금융 위기는 두 가지 요인에 의해 발생한다. 높은 민간부채와 급속한 민간부채 성장률이 바로 그것이다. 나는 19세기부터 발생한 기존 금융위기를 면밀히 관찰한 후 이런 결론을 내렸다. 물론 이들 위기가 온전히 과도한 민간부채 때문에 발생한 것은 아니다. 다만 대부분의 위기에서 민간부채의 폭증 양상이 관찰됐다. 한마디로 민간부채의 폭증은 위기의 전조증상이라 말할 수 있다.

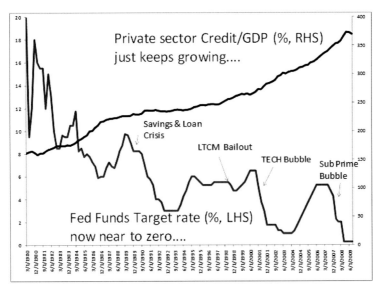

출처: www.internetional.se

앞의 그림은 GDP 대비 민간부분의 부채비율을 나타내고 있고, 과
거부터 현재까지 지속적으로 증가했다. 위기가 오면 미국 연방은행은
기준금리 인하를 통한 금융정책으로 위기를 극복해왔고, 낮아진 금
리는 또한 부채의 재생산을 일으켰다. 최근의 위기도 마찬가지이다.

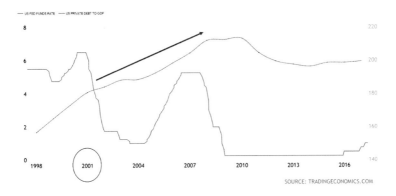

출처: TradingEconomics.com

1990년대 말 우리나라도 닷컴 열풍에 휩싸인 것처럼 미국의 IT기업들의 주가는 짧은 기간 폭등을 경험했다. 1996년 1,000포인트에서 2000년 3월에 5,048포인트로 4년 만에 5배 이상 오른 것이다. 이 시기 9·11 테러 사태 이후 미국은 경기 부양을 위해 금리를 빠른 속도로 내린다. 이후 빠르게 경제가 회복 국면에 접어들었음에도 불구하고 몇 차례 금리를 더 내리다가 2004년에 비로소 금리를 인상시켰다. 하지만 중국 공장에서 찍어내는 공산품이 전 세계 시장에 공급되면서 물가는 낮고, 경기가 호황인 데다 장기 대출금리와 주택 모기지 대출 고정금리도 올라가지 않고 그대로였다. 중국이 수출로 벌어들인 달러를 다시 미국의 채권을 매수하기 시작해서이다. 결국 호황기에 금리도 낮았던 것이다. 신용대출 증가와 부동산 담보 대출로 인한 부동산 투기 열풍에 주택 모기지 시장에 거품이 일어났고, 월가의 모럴해저드까지 더해지면서 사상 초유의 경제 위기 사태를 맞이했다.

부채로 인한 위기는 최근뿐만 아니다.

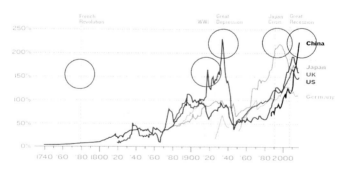

Source: U.S. Treasury; Mitchell; Measuringworth.com; UN data; Piketty & Zucman; Capital Is Back; Wealth-Income Ratios in Rich Countries 1700-2010, copyright Oxford University Press; Goldsmith; World Bank; U.S. Census; BEA; The Federal Reserve

그림을 보면 프랑스혁명과 제1차 세계대전, 일본의 금융위기 모두
높은 수준의 민간부채에서 시작됐다. 물론 부채는 경제가 성장하면
서 같이 증가한다. 예를 들어 1985년부터 2002년까지 대안정기(Great
Moderation) 기간 동안 GDP는 6조 6천억 달러가 증가했지만, 총 부채
도 14.9조 달러 증가하여 미국의 총 부채 비율도 155%에서 198%로
증가했다. 부채는 경제가 성장하면 큰 문제가 되지 않는다. 오히려 부
채 증가율보다 경제성장률이 빠르면 부채는 줄어든다.

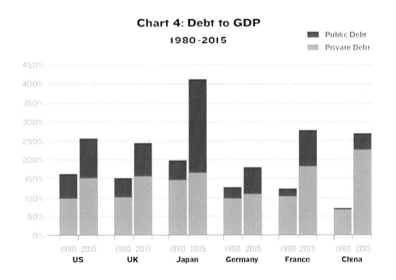

출처: www.ineteconomics.org, Debt To GDP 1980-2015

앞의 그림을 보면 중국의 민간부채(Private Debt)가 주요국에 비해 얼
마나 빨리 증가했는지 볼 수 있다. 중국의 경제도 그동안 굉장히 빠
른 속도로 성장하면서 부채 문제가 눈에 보이지는 않았다. 하지만 금

융 위기 이후 대규모 설비투자를 감행하면서 늘린 부채가 독으로 돌아오고 있다. 최근 7% 달성도 버거워 보이는 모습을 보이듯 점차 경제성장률도 하락세를 그리고 있다. 우리나라의 대우조선해양이 부채비율이 7300%가 되어 위기에 빠진 것처럼 중국도 비슷한 기업들이 많다는 뜻이다. 우리나라는 괜찮을까?

주요 OECD 국가의 가계부채 비율

(출처: OECD, 2016년 말 한국, 2014년 말 일본을 제외한 25개 국가는 15년 말 기준)

구분	2007(B)(%, %p)	2015(C)(%, %p)	증감(C-B)(%, %p)
미국	143.1	111.6	-31.5
스페인	154.4	121.9	-32.5
영국	173.3	149.5	-23.8
독일	102.7	92.9	-9.8
포르투갈	145.7	136.4	-9.3
일본	133.7	131.8	-1.9
프랑스	96.7	108.3	8.8
이탈리아	80.2	89.2	11.6
그리스	82.7	118.5	35.8
한국	140.5	178.9	38.4
OECD 평균 (30개 국가)	132.6	134.6	2.0

출처: 제윤경 의원실

유럽 국가 가운데 심각한 재정 위기와 국가 채무에 시달리고 있는 PIGS[2] 국가들보다 가계 부채비율이 훨씬 높다. 낮은 대출 금리와 부동산 부양 정책에 힘입어 급증한 것이다. IMF에서도 한국의 가계부채 문제에 대해 다음과 같이 경고했다.

---

2 포르투갈(Portugal), 이탈리아(Italy), 그리스(Greece), 스페인(Spain)의 앞 글자를 조합에 만든 신조어이다.

Household debt is higher in Korea than it has ever been in Japan. In the latter, the household debt to GDP ratio has been fairly steady at 65-70 percent, while in Korea it rose steadily from 40 percent of GDP in the early 1990s to nearly 90 percent of GDP today.[3]

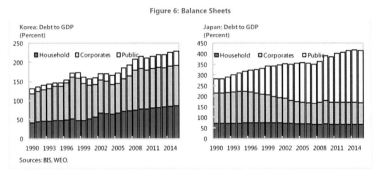

Figure 6: Balance Sheets

출처: IMF, Korea's Challenges Ahead - Lessons from Japan's Experience(2017.2.)

IMF 보고서에 따르면 일본은 1990년대 초반 주식과 부동산 버블이 터지면서 경제성장률이 급격히 하락했지만, 부실채권 처리를 1997년 동아시아 위기가 일어날 때까지 미루고 있다가 신용경색에 빠져서 마이너스 성장을 겪었다. IT 버블이 터진 2002년에서야 기업과 금융권에서 구조조정에 착수했지만, 미국 발 서브프라임모기지 사태와 2011년도 동일본 대지진의 충격을 받으면서 경제 구조조정에 어려움을 겪었다. 이후 2012년 아베가 들어서면서 사태를 추스르고 경제 회복에 불씨를 당기고 있지만, 아직 경제 성장률이나 물가 상승률이 목

---

3 한국의 가계부채는 일본보다 훨씬 높은 수준이다. 일본의 가계부채는 GDP 대비 65~70% 수준을 넘어선 적이 없지만, 한국은 1990년대 40%에서 현재 90%대까지 올라섰다.

표치인 2%에 안착하기 힘든 모습을 보이고 있다. 앞의 그림을 보면 위기 이후 일본의 민간은 부채를 줄이기 시작한 것을 볼 수 있다. 가계는 소비를 줄이고 기업은 투자를 줄이면서 부채를 감소시킨 것이다. 이 부분이 일본의 장기간 침체에 결정적인 원인이 되었는지도 모른다. 다만, 일본의 가계는 비교적 재정이 튼튼한 상황이나 우리나라는 그러하지 못하다. 위기가 오면 우리나라의 가계는 경제 주체 중에서 가장 큰 직격탄을 맞이할 수 있다. 위기는 돌고 도는 것이다. 위기를 맞이할 준비가 되어있는가?

금 투자의 의미와 방법

1. 세계경제에 위기가 왔을 때, 가장 빛을 보는 자산은 어떤 것일까?
2. 전쟁이 일어나려고 한다. 당신이라면 집에 있는 자산 중 가장 먼저 챙겨야 할 것은 어떤 것일까?

정답은 금이다. 금은 오래전부터 인류에게 가장 사랑받아 온 자산이다. 금을 지닌다고 이자나 배당이 나오는 것도 아니고, 오히려 보관에 따른 비용만 든다. 그런데 왜 모든 이들이 가지기를 원하는 걸까?

경제 위기, 달러를 찍는다고 금을 찍어낼 수는 없다

2008년 미국에서 시작한 금융위기로 인해 세계경제는 대공황 이후 가장 큰 도전에 직면했다. 각국 중앙은행은 서둘러 금리를 인하하고,

동시에 경기부양의 우선책으로 양적완화(중앙은행이 국채와 부실화된 채권 등을 매입해 시중에 직접 돈을 푸는 정책을 뜻함)를 단행했다.

출처: 세인트루이스 연방은행(research.stlouifed.org) (왼쪽 파란색 금, 오른쪽 빨간색 달러)

위의 그림을 보면 3번에 걸친 양적완화를 통해 달러 가치는 하락했고, 이는 기축통화로서의 지위가 흔들린다는 것을 의미했다. 반대로 시중에 풀린 달러에 비해 금은 찍어낼 수 없는 '희소성'을 지니고 있어, 경제 위기 시에 기축통화로서의 위치를 대체할 수 있다.

금 상승의 이유

이처럼 경제 위기 시에 금은 절대적 위치를 지닌다. 그럼 단순히 위기를 대비해 금을 보유해야 하는가? 아니다. 금은 여러 가지 이유로 상승할 수 있는 요인을 가지고 있어서, 이를 알고 투자해야 한다.

① 물가 상승(인플레이션)

물가가 상승한다는 것은 그만큼 화폐의 가치는 감소하고, 실물 자산의 가치가 오른다는 뜻이다. 금은 대표적인 실물 자산으로 인플레이션 상승기에 적합한 투자가 될 수 있다. 유가와의 움직임과 비숫한 것은 바로 이 때문이다.

② 수요 증가

경제 위기가 아니더라도 금의 수요가 증가하면 가격이 오를 수 있다. 수요 증가의 원인은 우선 산업용으로 볼 수 있는데, 2000년대 중반 중국 경제의 눈부신 성장 아래 산업용 수요 증가로 가격이 꾸준히 올랐다. 또한 금은보석 등 귀중품으로 활용되는데 특히 10~11월 인도의 디왈리(Diwali)라고 불리는 '빛의 축제' 때에는 금 수요가 크게 증가하기도 한다.

③ 달러 약세금

그뿐만 아니라 모든 원자재는 결제 통화가 달러이기 때문에 달러 약세는 곧 금 가격 상승을 의미하기도 한다. 특히, 통화 가치의 방향은 장기적인 흐름을 보이고 있기 때문에 달러 약세 구간에서는 금 투자도 함께 고려할 필요가 있다.

④ 기타

그 외에 금은 여러 요인으로 움직이기도 하는데 최근에는 각국 중앙은행의 외환 보유 다양화를 위해 금 가격의 장기 전망을 긍정적으로 보이게 하고 있으며, 광산 업체들의 파업이나 전력난 등으로 인해 채굴량이 감소하면 단기적으로 가격이 상승하기도 한다. 또한 금은 매장량이 한정되어 있어 장기적으로 탐사비용 증가로 인한 가격 상승이 예상된다. 20년 뒤에는 금 매장량이 고갈될 수 있다는 골드만삭스의 발표로 이를 전망할 수 있다

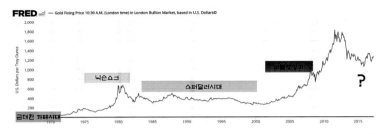

출처: 세인트루이스 연방은행(research.stlouisfed.org), 금 가격의 변천사[4]

포트폴리오 내에서 금 투자, 어떤 것이 효율적일까?

실물을 보고 투자한다면 은행(골드뱅킹)과 한국거래소(KRX 금시장)를 활용하면 된다. 다만, 실물 인출 시 비용과 수수료(거래가격의 10%)가 포함되므로 처음 투자한 금 가격에서 최소 10% 이상의 가격이 올라야 그나마 원금이라도 건질 수 있다는 점을 유의해야 한다. 보통 금융 투자는 이자나 배당에서 세금을 수취하는 반면, 실물 금의 비용은 원리금에서 기준을 잡기 때문에 상당한 가격이 오르지 않는 이상은 실물 금 인출을 위한 투자는 금융 포트폴리오에서 비효율적일 수 있다.

그럼 투자 포트폴리오 내에서 활용할 수 있는 금 투자 방법은 무엇이 있을까? 크게 국내와 해외로 나눌 수 있는데, 상품의 특징으로 인해 투자의 성격이 달라지므로 비교하여 알아둘 필요가 있다.

---

4 금태환 화폐시대에는 온스당 35달러로 고정하였으나, 1962년 베트남전쟁으로 달러를 무한정 찍어냈고, 이에 달러가치의 하락을 예상한 각국 중앙은행이 금을 교환해달라고 요청을 하였다. 이에 달러를 가져와도 금으로 교환이 불가하다는 닉슨쇼크가 발생하면서 금가격이 상승했다. 그럼에도 기축통화는 유지되었던 아이러니한 일도 일어났다(냉전시대라는 특수성과 유가의 거래가 달러에 고정되어 있는 상황이라 국제적으로 계속 거래돼야 했었다). 1980년대 미국이 고금리와 강달러 정책을 피면서 금 가격은 한동안 제자리를 유지했고, 1990년대 냉전종식 이후 미국은 주도권을 잡고 IT산업을 중심으로 장기호황을 누렸다. 9·11테러로 이라크, 아프가니스탄 전쟁을 위해 달러를 찍어내면서 금가격이 오르기 시작했으며, 여기에 더해 중국의 빠른 성장과 더불어 금의 수요와 2000년대 부동산 버블로 유동성이 급증하고 결국 2008년 금융위기 발생으로 금 가격이 폭등하는 사태에 이르렀다.

① 금 펀드

종류는 금 선물과 ETF에 투자하는 펀드와 금광업 회사에 투자하는 펀드로 구분되며, 환헤지(H)와 언헤지(UH)로 환율도 생각하여 투자해야 한다. 금 가격에 따라 금 선물과 ETF는 비슷하게 움직이지만, 금광업 펀드의 경우 좀 더 민감하게 움직이며 기업 자체로서 리스크도 존재하기 때문에 금 투자를 포트폴리오의 헤지 차원에서 바라보기엔 금광업 펀드는 적합하지 않다.

출처: 펀드닥터(funddoctor.co.kr) (광업주펀드와 금 선물 펀드의 움직임 비교)

② 금 ETF

금 펀드와 비슷하지만 주식시장에 상장되어 있기에 거래의 신속성과 투자비용이 저렴하다는 장점을 가지고 있다. 반면 금 선물에 투자할 경우 선물 만기를 연장할 때 발생하는 롤오버(Roll-Over) 비용이 발생된다는 것이 금 펀드와 금 ETF 선물의 단점이라고 할 수 있다. 이 경우를 고려한다면 미국에 있는 GLD ETF를 활용하는 것이 좋다. 금 선물에 투자하는 ETF와 달리 롤오버 비용이 없는 실물 골드바에 투자하며, 투자된 만큼은 수탁사인 HSBC에 보관된다. 가장 금 가격과 가까운 움직임을 보이며, 달러로 환전해서 투자되기 때문에 환율 움직임도 고려해야 한다.

표1 다양한 미국의 금 ETF

지수	종목코드	ETF종목	승수
금	GLD	SPDR Gold Shares	1배
	DGZ	PowerShares DB Gold Short ETN	-1배
	DGP	PowerShares DB Gold Double Long ETN	2배
	DZZ	PowerShares DB Gold Double Short ETN	-2배
	UGLD	VelocityShares 3x Long Gold ETN	3배
	DGLD	VelocityShares 3x Inverse Gold ETN	-3배

포트폴리오 내에서 금의 포지션을 얼마 정도를 잡으면 효율적일까?

포트폴리오를 구성하는 이유는 자산 간의 분산을 통해 향후 위험 발생 시 완충하는 역할을 기대하기 위해서다. 비슷한 자산끼리 구성을 한다면 분산의 의미가 없어지기에 각각 다른 자산끼리 구성하는 것이 필수다. 이것을 자산 간 상관관계라고 하며, 1과 -1의 범위를 갖는다. 1은 해당 자산과 똑같은 움직임을 나타내며, -1은 정반대의 움직임을 갖는다. 보통 -0.3~-0.4 정도만 되어도 잘 분산되었다고 한다.

표2 미국의 자산 간 상관관계

	S&P 500	주택가격	채권	금	WTI
S&P 500	1.000				
주택가격	0.097	1.000			
채권	0.148	-0.038	1.000		
금	-0.110	-0.071	0.085	1.000	
WTI	-0.020	0.125	-0.092	0.242	1.000

출처: Bloomberg,
기간 : 1987.12.31~2009.5.31 채권: JP Morgan Aggregate US Bond Index,
주택 가격: Case-Shiller composite 10 home price index, WTI: WTI spot Px ₩Index. 금: Gold spot $/OZ

앞의 표는 과거 20년간 미국의 자산 간 상관관계를 나타낸 표로 금은 약하지만 주식과 주택과는 음의 상관관계를, 채권과 원유에는 양의 상관관계를 보이고 있다. 결국 주식과의 관계에서 포트폴리오 내의 분산 효과가 보이므로 비율만 잘 정해서 구성하면 좋은 투자 방식이 될 것이다. 그럼 여기서 궁금한 것은 어떤 기준으로 얼마만큼의 비율을 잡는가이다. 여기 눈여겨봐야 할 지표가 있다.

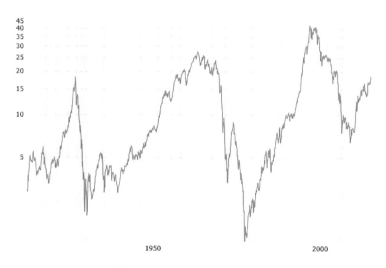

출처: www.macrotrends.net, Dow to Gold Ratio - 100 Year Historical Chart

미국 다우지수 대비 금 현물 가격의 비율(Dow-Gold Ratio)을 보게 되면 주식과 금의 가치 평가를 내릴 수 있다. 우선 DGR 비율은 다우지수 한 개를 구입하기 위해 필요한 금의 온스를 나타낸 그래프로 만약 DGR이 15이면 금 15온스로 다우지수 1개를 구입할 수 있으며, DGR이 5이면 금 5온스로 다우지수 1개를 구입할 수 있다는 뜻이다. 그래프를 보면 역사적으로 DGR이 10 이하로 내려갈 경우 주식시장이 장기 상승 사이클 국면으로 진입했고, 반대로 DGR이 10을 넘어서고 상승 중이면 주식시장이 과대평가됐다고 판단 내릴 수 있다. 현재 DGR은 20을 향해 치솟고 있는 중이라 주식이 금보다 고평가되었다고 볼 수 있다.

- DGR이 10을 향해 아래로 내려가기 시작할 경우: 주식의 편입비율을 늘리고 금의 편입비율을 줄여라(10% 정도 내외).
- DGR이 10을 넘어 위로 지속 상승할 경우: 주식의 편입 비율을 줄이고 금의 편입비율을 늘려라(20% 정도 내외).

금의 편입비율은 포트폴리오 비중에서 약 10~20% 사이를 지키는 것이 좋다. 금의 수익률 그래프를 보면 과연 '안전자산'인가를 의심할 정도로 변동성이 크기 때문에 자산을 지키는 쪽은 채권으로 포지션을 잡고 시장 급락 같은 만약의 일에 대비하기 위해 금 포지션을 위와 같이 일부 두는 것이 맞다.

▤ 달러 자산을 통해 국내 위험을 피하라

우리나라는 GDP 중 수출 비중이 큰 나라라 대외 충격에도 자산 가격이 흔들릴 가능성이 매우 높다. 그때마다 환율은 가파르게 오르고, 약해진 원화는 수출 지향 산업 구조인 우리나라에 빠른 회복 요인이 되기도 한다. 하지만 수출 증가로 국내 경제가 회복된다는 체감은 개인들로서는 다른 세상 이야기 같고, 경제 위기로 인해 줄어든 호주머니에 더 신경이 가는 것은 어쩔 수 없다. 미래에 투자했던 연금 계좌, 아이 대학자금으로 가입한 펀드 등은 모두 마이너스 수익률에 한숨밖에 나오지 않는다.

국내 경제 위기와 해외 경제 위기, 둘 다 환율 상승의 요인

경제 위기는 대외적으로 오기도 하지만, 내부적으로도 올 수 있다. 국내 경제가 위험하다고 미국 경제가 위험해지지는 않지만, 미국 경제가 위험하면 국내 경제도 위험하다. 조금 억울하긴 하지만 가만히 있으면 당하니 그대로 있을 수 없다. 그래서 대내외로 위기가 올 때 대비할 수 있는 가장 효과적인 투자방법이 바로 달러 자산으로의 배분이다.

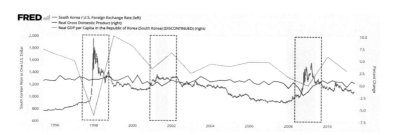

출처: 세인트루이스 연방은행, 파란색(원/달러 환율),
빨간색(미국경제성장률), 녹색(한국경제성장률)

앞의 그림을 보면 1990년대 말 IMF 외환위기로 국내 경제가 무너졌을 때 미국은 큰 충격은 없었지만, 환율이 폭등한 것을 볼 수 있다. 국내 위기로 인한 환율 상승이다. 그 뒤 2000년대 IT 버블 붕괴와 서브프라임모기지의 미국 발 경제 위기에도 환율 상승을 나타냈고, 대외 경제에 의존이 강한 우리나라는 경제 성장률에서 미국보다 더 큰

충격을 겪는다. 위기 때마다 환율이 오른 것이다.[5]

만일 부동산과 국내 주식형펀드, 예금 등 국내 자산들로만 구성된 포트폴리오를 가지고 있다면 어떻게 될까? 경제 위기 시 부동산가격이 하락하면 대출받은 자금은 그대로인 데 반해 내가 투자한 금액만 손실을 겪는다. 레버리지(지렛대효과)로 인해 손실 규모가 커지는 셈이다. 주식형펀드는 주가 하락으로 고스란히 손실을 겪을 것이다. 중앙은행은 재빨리 위기에 대응하기 위해 기준금리 인하를 시행하며, 이는 시중금리 하락을 동반하기에 예금의 이자도 줄어들게 된다. 결국 내가 저축하고 투자한 자산들이 감소하는 결과를 초래하게 된다. 이유는 단 한 가지, 국내에만 투자했기 때문이다.

다양한 달러 투자 방법, 어떤 것을 선택할까?

금융자산의 포트폴리오 중 일부분은 달러 표시로 된 자산에 투자해야 한다. 투사할 수 있는 방법은 굉장히 다양하고, 각각의 특징이 매우 다르니 본인에게 맞는 상품을 찾는 것이 중요하다.

① 국내 ETF

달러 선물에 투자하는 ETF로 선물 증거금 말고도 채권 및 현금성 자산으로도 운용하여 운용수익률을 추구한다. 소액 투자도 가능하기 때문에 편리성은 있으나 레버리지의 경우 통화의 평균 회귀

---

5 우리나라의 외환시장은 1997년 IMF외환위기 전까지 변동성이 크지 않았으나, 1997년 12월 자유변동환율제도를 시행한 이후 커지기 시작했다. 특히, 다른 나라에는 없는 지정학적 리스크(북한리스크, 중국과 일본 러시아, 그리고 미국의 각축전이 되는 무대 등)가 환율의 움직임을 더욱 가파르게 만들기도 한다.

성향으로 인해 장기 투자 시 손실을 볼 수 있다는 점을 주의해야
한다. 인버스와 인버스 레버리지 등 달러 하락에 투자하는 상품이
있으나, 일반 투자자 같은 경우 1배 추종하는 ETF에 들어가는 것
이 좋다. ETF와 달리 지수 수익률을 추구하는 ETN은 ETF보다 거
래량이 적다는 점을 주의하자.

② 미국 ETF

미국 ETF는 달러로 투자된다는 점 때문에 유망한 지역이나 산업
에 투자할 수 있는 다양성을 가지고 있다. 국내는 하드웨어 중심
의 산업을 가지고 있어 국내 주식(펀드, ETF)을 보유하고 있다면 미
국의 소프트웨어 ETF[6]로 자산배분을 구축해보자. 국내 투자의 한
계를 보안하고 달러 자산을 함께 보유할 수 있는 기회를 가질 수
있다. 또한 달러인덱스에 투자하는 ETF는 PowerShares DB US
Dollar Index Bullish(UUP)가 있으며, 달러 강세 시 환차익과 달러
인덱스 강세 두 가지를 가져갈 수 있다.

③ 펀드

국내에서 판매되는 해외펀드는 환율을 헤지한 펀드(H)와 노출시킨
펀드(UH)로 나뉜다. 그중 UH 펀드를 선택하여 달러에 투자할 수
있다. 연금저축펀드의 포트폴리오에서 UH 펀드를 담아라. 위기
시 연금 자산의 안전성을 더할 수 있다.

---

6 iShares S&P North Amer Tech-Software(IGV), Software HOLDRs(SWH), PowerShares Dynamic
   Software(PSJ)

④ 파생결합증권(DLS, DLB)

원/달러 환율을 기초자산으로 만든 ELS의 상품으로 사전에 정해진 범위에서만 수익을 가질 수 있다. 환율의 변동성이 커지면 대응할 수 없는 상품이라 일반인 투자자에게는 주의가 요구되는 상품이다.

⑤ 달러 RP

수시 입출금이나 약정형으로 투자 가능한 상품으로 단기 달러 자산 투자에 용이하다. 금리 자체는 낮기 때문에 단기간 달러 강세를 보일 때 투자해야 한다.

⑥ 외화예금

원화를 환전하거나 보유하고 있는 달러로 예치해서 가입할 수 있는 상품이다. 달러 RP와 마찬가지로 금리는 낮으나 5,000만 원까지 예금자 보호가 된다는 장점이 있다. 단기 운용에 적합한 상품이다.

자산배분으로서 달러를 갖다

위기는 반복된다. 비슷하지만 조금씩은 다른 경제 위기들이 촉발된다. 위기들은 한 곳에 머물지 않고 퍼져나가면서 전염시킨다. 세계 경제가 돈으로 함께 묶여 있기 때문이다. 예를 들어, 미국인들의 돈은 미국 내에서만 투자되지 않고, 월가를 중심으로 세계에 돈이 될 만한 곳으로 광범위하게 뻗어있다. 이 돈들이 투자한 나라의 자산 가격을 올리고, 그 나라 경제에도 영향을 미친다. 이것은 우리나라도 마찬가지고 일본, 유럽, 중국 등도 같다. 다만, 경제 위기가 오면 그 충격은 나라마다 다르게 온다.

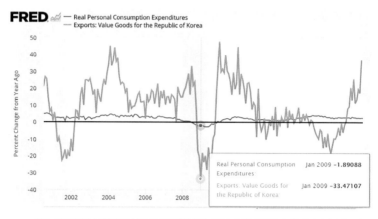

출처: 세인트루이스 연방은행, 파란색: 미국인의 실질 개인소비지출 증감률, 녹색: 우리나라 수출증감률

　미국은 GDP에서 차지하는 비율 중 소비 부분이, 우리나라는 수출 부분이 크다. 앞의 그림은 금융위기 당시 직전연도에 비해 미국의 소비지출 감소 비율과 대한민국의 수출 감소 비율을 비교하고 있다. -1.8% VS -33.4%이다. 어떤가? 우리나라는 대외 충격이 오면 몇 배로 크게 다가올 수밖에 없는 경제구조를 가지고 있는 것이다. 그럼 얼마나 달러를 보유하고 있어야 할까? 환율을 보고 달러에 비해 고평가, 저평가를 확인하고 들어가는 것은 단기 투자에 적합하다. 이때에는 실질실효환율지수(Real Effective Exchange Rate, REER)[7]를 참고하는 것이 좋다. 자산배분에 용이한 것은 장기투자로, 보통 적립식으로 장기간 투자하게 된다면 역사적 원 달러 환율의 평균치로 회귀할 수 있게 된다. 비율은 10~20% 정도를 유지하는 것이 좋으며, 특히 연금자산 등

장기목적자금 포트폴리오에서는 항상 투자하는 상품의 비용을 고려하고 적합한 것을 고르는 것이 현명하다.

▷ 실질실효환율 지수 찾는 방법

1. 국제결제은행 홈페이지에서 통계(Statistics)→환율(Foreign exchange)→실효환율지수(Effective exchange rates)로 들어가면 최신 자료를 내려 받을 수 있다.

   https://www.bis.org/statistics/eer.htm

2. 실질실효환율(Real Effective Exchange Rate)를 최신으로 제공해주는 곳은 아쉽게도 찾아보기 힘들다. 하지만 직전년도까지의 실질실효환율을 보기 쉽게 그래프로 나타내주는 곳이 있어서 안내해 본다. https://datamarket.com의 홈페이지에 들어가면 볼 수 있는데 회원가입 등 번거로운 절차가 있어서 직접 아래 주소를 치고 들어가는 것이 더 편한 방법이다.

   https://datamarket.com/data/set/1dmy/#!ds=1dmy!x8r=3x&display=line

---

7   한 나라의 화폐가 교역 상대국 화폐에 비해 실제로 어느 정도의 구매력을 갖고 있는지를 나타내는 것이 실질실효환율이다. 두 국가 화폐 간의 명목환율에 교역 상대국의 가중 상대 물가지수를 반영해 계산한다. 실질실효환율지수가 100 미만이면 자국 통화가 상대적으로 저평가되어 있음을 의미한다. 상대국의 물가 수준에 따라 그 나라 제품의 가격경쟁력이 좌우되는 만큼 물가의 상대적인 비교도 경쟁력을 가늠하는 중요한 척도가 된다는 점에서 실질실효환율은 중요하다. 물가 수준까지 감안해 화폐의 실질적인 구매력(대외가치)이 어느 정도인지 알 수 있는 지표라 할 수 있다. -출처: 한국무역협회

세계경제 위기 시
빠른 반응을 보이는 통화, 엔화

일본 경제가 20년간 장기 불황에서 빠져나오지 못했어도 국제적으로 가장 안전한 통화를 꼽는다면 1순위가 엔화라고 할 수 있다.

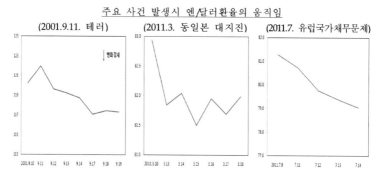

주요 사건 발생시 엔/달러환율의 움직임

출처: 한국은행 국제경제정보, bloomberg

특히, 세계 경제에 무슨 일이 날 때마다 엔화는 강세로 돌아선다. 엔 캐리 트레이드가 청산되면서 발생하는 것이다.

엔 캐리 트레이드가 청산되면 무슨 일이?

일본에 장기간 저금리 상황이 지속되자 일본의 주부들은 고민 끝에 2000년쯤부터 낮은 금리의 엔화를 빌려 외화로 환전한 뒤 해외 고금리 자산에 투자하는 방법을 많이 사용했다. 이들의 거래 비중이 도쿄 외환시장에서 30%에 육박하게 되니, 전 세계에 유동성을 공급하면서도 한편은 위기를 초래한 원동력이 되었다. 이것을 '와타나베 부인 효과'라고 불린다. 와타나베는 일본에서 가장 흔한 성씨를 나타내는 말로 우리나라로 치면 '김씨 부인 효과'라고 할 수 있다.

일본인뿐만 아니라 해외에서도 일본의 값싼 엔화를 빌려 전 세계 (특히 이머징마켓)에 투자하기 시작했다. 문제는 이렇게 전 세계로 투자 된 자금들이 세계 경제에 위기 신호가 포착되면 캐리 트레이드가 청 산되면서 핫머니들이 급속히 유출되어 전 세계 외환시장에 충격을 더하게 된다는 것이다. 청산된 자금들은 다시 일본으로 돌아와 엔화 의 수요가 급속도로 올라가게 되며, 엔화 강세를 유발한다. 전 세계 가 엔 캐리 트레이드의 청산이냐, 확대냐에 이목을 집중하는 이유가 바로 그것이다.

일본 경제의 저성장에 반해, 엔화가 안전자산인 이유는?

일본은 중국 다음으로 미국 국채를 많이 보유한 나라이다. 뛰어 난 기업 경쟁력으로 지속된 경상수지 흑자가 일본을 1위의 순대외채 권국, 2위의 외환 보유국으로 만들었다. 이는 대외 채무보다 채권이 많아 앞으로 받을 돈이 많다는 뜻이며, 긴급할 때 언제든 달러를 사 용할 능력이 충분하다는 뜻이다. GDP의 250%가 되는 정부 부채도 95%가 엔화 표시로 발행되었고, 은퇴자를 중심으로 일본 가계가 장 기 보유 중이라 문제가 되지는 않다. 그만큼 가계 재정이 건전하다는 뜻이고 대외 충격에도 국가부채가 크게 흔들릴 요지가 없다는 뜻이 다. 또한 경제 성장률과 물가 상승률, 무역수지, 실업률 등 주요 경제 지표들이 큰 변동 없이 지속적으로 안정된 모습을 보이며 장기간 제 로금리를 유지하고 있다. 향후에도 기준 금리를 올릴 가능성이 낮아 해외 투자자들에게는 그 어느 곳보다 자금 공급처로서 손색이 없는 나라라고 인식이 되었을 것이다.

안전자산으로서 엔화 투자방법, 효율적인 것은?

엔화나 달러를 환전하여 집에 보관했다가 환차익을 노릴 수 있지만, 보관에 따른 이자도 없을뿐더러 환전수수료도 고려하면 별로 좋지 않은 선택일 수 있다. 외화예금도 일본은 오랫동안 제로금리를 유지하고 있어 금리가 없는 편이다. 달러, 금과 마찬가지로 자산배분의 한 축으로서 투자 방법을 고려해보는 것은 어떨까? 국내에서 판매하는 일본 주식형펀드를 UH로 투자하는 방법이나, 국내 ETF도 대상이 될 수 있다. 다만 일본 수출 기업으로 구성된 주식형펀드는 엔화가 강세일 때 일본 내 수출 기업의 채산성 악화로 주가가 조정받을 수 있으므로, 환차익을 고스란히 반납할 수 있다는 점도 고려해야 한다.

미국 ETF에는 달러 대비 일본 엔화 가치의 움직임을 추종하는 CurrencyShares Japanese Yen Trust(1배, FXY)와 Ultra Yen Pro-Shares(2배, YCL)가 있으나, 우리나라 투자자 입장에서는 온전히 엔화 인덱스에 투자되지 않는 점도 고려할 사항이다.

출처: 세인트루이스 연방은행,
음영색이 미국 경제 위기, 2001년 말에는 엔화 약세가, 2008년 초에는 엔화 강세가 발생했다.

국내 투자자들은 우선적으로 달러와 금 등을 안전자산으로 잡고 자산배분하는 것만으로도 충분하다

4차 산업에
투자하라

 ## 어떤 펀드에 투자하나

> 4차 산업혁명은 3차 산업혁명이 디지털 혁명을 기반으로 디지털, 바이오산업, 물리학 등의 경계를 융합하는 기술 혁명이다.
> - 클라우드 슈밥 회장, 다보스 세계경제포럼 中

4차 산업의 주(主)는 국가도 아닌, 개인도 아닌, 기업들이다. 개인들로서는 이런 기업에 투자하는 것이 다가오는 시대에 앞서갈 수 있는 유일한 방법이라 생각된다. 4차 산업이라고 국한해서 말했지만 그 범위는 방대하다. '빅데이터 및 분석', '나노기술', '네트워크 및 컴퓨터 시스템', '에너지 및 환경 시스템', '의학 및 신경과학', '로봇공학', '3D 프린팅', '생물 정보학', '금융 서비스 혁신' 등 많은 분야로 구분할 수 있다. 특히 이런 분야에서 선두로 치고 올라가는 곳이 미국 기업들이다. 아마존, 구글(알파벳), 페이스북, 인텔, 애플 등 이미 우리에게 친숙한 미국 내 기업들이 4차 산업을 선두에서 이끌고 있다. 알리바바, 텐센트를 앞세운 중국기업들의 아성도 만만치 않다.

4차 산업 '기업들'에 투자하자

그럼 여러 기업 중에 어떤 기업이 앞서게 될까? 미국 기업들? 유럽 기업들? 일본? 중국? 아니면 우리나라? 아직 그 누구도 알 수 없다. 진행 중이고 완성형이 아니기 때문이다. 스마트폰이 대중화되면서 노키아는 무너졌고 애플과 삼성이 성장한 것처럼 상황은 긴박하게 바뀔 수 있다. 울타리가 없는 정글처럼 전 세계의 기업들은 모두 잡아먹히고 잡아먹는 생존의 법칙을 쓰고 있는 셈이다. 일반 대중들은 이런 '기업들'에 간접적으로 투자하는 방법이 가장 효율적이다. 누가 나중에 1등이 될지 아무도 모르고, 4차 산업 분야도 넓어서 한 기업만 보고 들어가기에는 소진될 기회비용이 너무 아까울 수 있다.

이미 ETF(상장지수펀드)로 미국은 4차 산업과 관련된 금융상품이 출시되어 있고,[8] 우리나라는 올해부터 본격적으로 각 자산운용사가 관련 ETF 및 펀드를 쏟아내고 있다.

---

8   미국은 '4차 산업'이라고 금융상품에 쓰고 있지 않다. 그냥 테크놀로지, 바이오 등 기술주 기업들이 대부분 4차 산업을 대비한 기업이다. 순자산 사이즈도 크고 상장된 지 꽤 오래된 ETF들로는 Technology Select Sector SPDR Fund, First Trust Dow Jones Internet Index Fund (미국 테크기업), iShares Global Tech ETF(글로벌 혁신기업) 등이 있다.

표1 자산운용사별 4차 산업 펀드 및 ETF

운용사	펀드명
동부자산운용	글로벌핀테크/자율주행/로보틱스
NH아문디운용	4차산업혁명30증권
삼성자산운용	픽테4차산업글로벌디지털
KTB자산운용	글로벌4차산업1등주
멀티에셋자산운용	글로벌4차산업전환사채
한국투자신탁운용	킨덱스S&P아시아Top50ETF
삼성자산운용	Kodex글로벌4차산업로보틱스ETF
KB자산운용	KBSTAR글로벌4차산업ITETF
미래에셋자산운용	TIGER글로벌4차산업혁신기술ETF

출처: 각 자산운용사 홈페이지

그럼 어떤 펀드를 찾으면 좋을까? 앞서 펀드를 선택한 것처럼 고르면 된다.

- 신생 펀드가 아닌 출시된 지 3년 정도가 지난 펀드로,
- 해외펀드 기준으로 운용규모는 1,000억 원 이상이어야 하고,
- 수익도 꽤 났으면서,
- 위험관리도 잘하고 있는 펀드를 찾으면 된다.

4차 산업 펀드, 무엇이 좋은가?

미래는 예측하는 것이 아니고 상상하는 것이다. 따라서 미래를 지배하는 힘은 읽고, 생각하고, 정보를 전달하는 능력에 의해 좌우된다.

– 앨빈 토플러

상상만 하면 그걸로 끝났을 수도 있다. 실제 그것을 현실로 끄집어내는 것이 상상보다 더 어렵기 때문이다. 하지만 인간의 상상을 먹고 사는 기업들은 상상을 현실로 만드는 것이 그들의 운명이다. 그 기업에 투자하는 건, 내 상상에 투자하는 것과 같지 않을까? 실제로 어디에 투자할지 함께 찾아보자. 국내에 출시된 4차 산업 관련 펀드 중 위에서 앞에서 언급한 조건을 갖춘 펀드는 2가지가 있다. 피델리티글로벌테크놀로지펀드와 미래에셋글로벌그로스가 바로 그것이다.

1. 피델리티글로벌테크놀로지펀드

4차 산업을 주도적으로 이끄는 나라는 미국이다. 보유 종목도 미국 기업에 포지션이 맞춰져 있다. 상위 보유종목을 보게 되면 애플과 인텔은 알 만한 기업들인데 알파벳 INC는 생소할 것이다. 이는 독특한 구조로 되어 있는데, 여러 회사의 모임이고 그중 가장 큰 회사가 구글이다. 테크놀로지, 생명과학 등을 연구하는 기업들이 모여 있으며 2016년에는 애플을 제치고 가장 가치 있는 기업으로 선정되기도 했다.

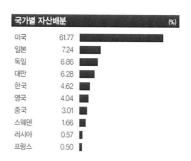

주요 보유종목*	(%)
ALPHABET INC	8.62
APPLE INC	5.57
INTEL CORP	5.53
SAP SE	4.51
TAIWAN SEMICONDUCTR MFG CO LTD	4.43
SAMSUNG ELECTRONICS CO LTD	3.96
SALESFORCE COM INC	3.15
ALTABA INC	2.81
AKAMAI TECHNOLOGIES INC	2.67
QUALCOMM INC	2.45

국가별 자산배분	(%)
미국	61.77
일본	7.24
독일	6.86
대만	6.28
한국	4.62
영국	4.04
중국	3.01
스웨덴	1.66
러시아	0.57
프랑스	0.50

출처: 피델리티자산운용(2017.6. 기준)

테크놀로지를 펀드명으로 잡은 만큼 통신 및 네트워크 장비, 반도체 및 장비, 전자장비, 인터넷 등 IT 산업에 광범위하게 투자되고 있고, 그 기업은 해당 분야에서 1~2등을 다투는 기업으로 선택하여 투자된다. 2000년대 초반 닷컴 버블 같은 일이 생기지 않는다면 함께 무너질 만한 요소는 없을 것이다. 그때는 정말 상상에 투기했고, 지금은 미래에 투자하고 있기 때문이다.

2. 미래에셋글로벌그로스

국가별 투자비중(상위 5개국)

국가	비중
미국	61.70%
중국	15.45%
독일	7.49%
프랑스	3.21%
아르헨티나	3.01%

업종비중 *ETF는 '(해당 없음)'으로 표시되었습니다.

업종	비율(%)
정보기술	43.63%
자유소비재	17.77%
건강관리	11.97%
(해당 없음)	9.55%
산업재	9.41%

채권 외 주요자산 보유현황(상위 5종목)

* 아래의 자산구성현황은 가입펀드 기준이 아닌 실제 운용펀드 기준이며, 1개월 전 말일 순자산대비 비중입니다.

보유 종목	국가	업종	비중
iShares MSCI Emerging Markets ETF	미국	기타	9.55%
Alibaba Group Holding Ltd	중국	정보기술	5.43%
Facebook Inc	미국	정보기술	5.40%
Broadcom Ltd	미국	정보기술	5.24%
Amazon Inc	미국	자유소비재	5.20%

출처: 미래에셋자산운용(2017.6. 기준)

테크놀로지 펀드와의 차이점이라면 중국 투자 비중이 높다는 것이다. 특히 알리바바와 텐센트홀딩스의 투자 비중이 높다. 두 기업 역시 미래 성장성이 큰 기업임에는 틀림없다. 또 다른 차이는 테크놀로지는 40~60개의 포트폴리오 종목을 활용하는 데 비해, 글로벌그로스는 20~30개의 종목에 집중 투자한다. 변동성은 글로벌그로스가 좀 더 높아 보이지만, 상위 종목에 지수ETF가 편입되어 위험을 관리하고 있다.

3. 두 펀드에 투자한다면

미국을 중심으로 IT 산업 전반에 투자를 하고 싶다면 테크놀로지 펀드를, 정보기술 말고도 여러 분야의 4차 산업을 주도하는 기업들 중에 투자되고 중국의 포지션을 좀 더 가지고 싶다면 글로벌그로스를 고르면 된다.

- 글로벌그로스: 규모 1,469억, 2014.04. 출시
- 글로벌테크놀로지: 규모 2,442억, 2015.06. 출시

둘 다 1,000억 사이즈가 넘고 시장에서 검증된 지 3년 정도가 되었으므로 해외펀드로 봤을 때 성공적인 스타트임에는 틀림없다. 테크놀로지가 좀 늦게 출시되었지만, 4차 산업의 관심 증대로 인해 펀드명에서 빠르게 자금을 끌어 모은 것으로 보인다. 최근 1년 간의 위험과 수익 차트로 보면 글로벌그로스가 위험관리를 잘하면서 수익도 꽤 괜찮게 내는 것 같지만, 6개월 시점에서 바라보면 위험관리에선 두 개의 펀드가 뒤바뀐 포지션을 가지고 있다. 물론 수익 면에서는 글로벌그로스가 앞선다.

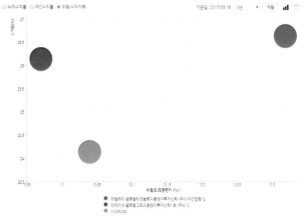

출처: 펀드슈퍼마켓, 위험과 수익차트(1년)

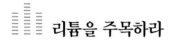

리튬을 주목하라

출처: StockCharts.com, 커머더티인덱스(2017.11.21. 기준)

전기자동차의 핵심 원자재, 리튬을 주목하라

2018년에는 원자재가 상승할 가능성이 커지고 있다. 최근 헤지펀드 사이에서 원유의 롱포지션도 커지고 있고, 그동안 다른 자산들의 상승력에 비해 원자재만 소외된 것도 앞으로 상승의 기대요인이다. 그중 미래 주요 산업으로 여기는 전기자동차 배터리의 핵심 원자재인 리튬에 관심을 가져야 한다. 구리, 아연, 알루미늄 등 다른 원자재는 생산량이 많아서 수급에 큰 문제는 되지 않지만, 리튬과 코발트는 생산량이 적어서 가격 변동성이 커질 것으로 보고 있다. 이미 전기자동차 수요 증가로 인해 리튬은 2년 사이 2배 넘게 상승했다.

지금까지는 원유가격의 하락으로 인해 전기자동차의 필요성이 커지지 않았지만, 앞으로 원유 가격 상승과 더불어 각국의 환경오염 문제 예방으로 인한 전기자동차 비중 확대는 리튬 가격을 위로 끌어올리는 요인으로 작용하고 있다. 특히, 중국은 대기오염을 줄이기 위한 해결책으로 전기자동차 보급 확산에 노력을 다하고 있다.

골드만삭스가 내놓은 자료는 '리튬 수요가 2016년부터 2025년까지 4배 증가할 것으로 예상한다'며 이는 전기자동차에 들어가는 리튬의 수요가 크게 늘어날 것으로 보이기 때문이라고 설명했다. 특히, 최근에는 안정적인 공급 확보와 더불어 가격 경쟁력을 갖춘 배터리를 확보하기 위해 글로벌 자동차 메이커(폭스바겐, 테슬라 등)들이 직접 배터리 공장 설립에 뛰어들고 있다.

Global X Lithium ETF(LIT)

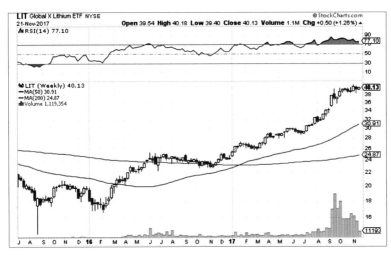

출처: StockCharts.com, 리튬 관련 미국ETF(2017.11.21. 기준)

리튬에 투자되는 금융상품은 미국의 'Global X Lithium ETF'가 유일하다.[9] 해당 ETF는 리튬금속에 투자하는 선물이 아닌 리튬을 생산하거나 전기차 제조사 혹은 전기차에 들어가는 배터리 제조사에 투자되는 4차 산업 '기업들'에 투자되는 금융상품이다.

TOP 10 HOLDINGS (%)   *Holdings Subject to Change*

FMC Corp	23.76%	LG Chem Ltd	4.73%
Sociedad Quimica y Minera	18.19%	BYD Co Ltd	4.25%
Samsung SDI Co Ltd	6.22%	Panasonic Corp	4.12%
Tesla Inc	5.12%	GS Yuasa Corp	3.73%
Albemarle Corp	4.91%	Simplo Technology Co Ltd	3.12%

출처: globalxfunds.com, LIT 편입종목(2017.9. 기준)

---

9   리튬과 마찬가지로 희토류 또한 향후 수요증대가 예상된다. 희토류 생산기업에 투자하는 ETF는 미국의 'Market Vectors Rare Earth Strat Met ETF(REMX)'가 있다.

LIT ETF에 편입된 기업 중 상위는 리튬을 생산하는 업체가 대부분 이고 그 뒤로 전기차 배터리를 제조하는 기업들이 포진되어 있다. 그 중 ETF의 10% 정도 삼성SDI와 LG화학이 편입되어 있다. 국내 기업 의 주식을 마찬가지로 보유한다면, 전기차 수요 증가로 인한 수혜를 입을 기업으로 본다.

> "우리나라도 원자재 생산기업을 인수하면 좋겠지만, 워낙 사이즈가 커버 려서."

우리나라에는 글로벌 광산업체가 전무하다. 대부분 굴지의 메이저 회사들이 M&A를 통해 원자재 기업들을 모두 인수해버렸다. 그래서 우리나라 기업이 인수하기엔 덩치가 너무 커져버렸다. 결국 전기차에 들어갈 배터리를 만들 때 필요한 원자재를 최소로 줄일 수 있는 기술 력을 갖는 게 우리나라가 생존할 수 있는 방법이기도 하다.

4차 산업투자, 해외ETF가 답이다

산업혁명은 기회이면서 위기를 동반한다. 우리나라는 2차, 3차 산 업혁명 동안 위기를 겪기보다는 기회를 잡아 성장하였다. 화학, 전기, 석유, 철강 산업으로 대표되는 2차 산업혁명은 부가가치가 큰 생산재 산업인 중화학 공업을 나타내며, 우리나라는 이 기간 중 세계 일류 기업들을 배출하며 고도성장을 이룩했다. 인터넷을 기반으로 한 정보 통신의 3차 산업 역시 대한민국을 빼고서는 논할 수 없었다. 그럼 우리나라의 4차 산업혁명 경쟁력은 얼마나 될까? 제조업 강국이며, IT 로는 세계 최강을 자부하는 우리나라지만 아쉽게도 전 세계 주요국 가운데 19위에 그쳤다.

표1 4차 산업혁명 경쟁력 순위 현황

순위	국가명	UBS (스위스금융기관)	WEF (세계경제포럼)	IMD (국제경영개발대학원)	평균
1	싱가포르	2	1	1	1.3
2	핀란드	4	2	4	3.3
3	미국	5	5	3	4.3
4	네덜란드	3	6	6	5
5	스위스	1	7	8	5.3
5	스웨덴	11	3	2	5.3
7	노르웨이	8	4	10	7.3
8	영국	6	8	11	8.3
8	덴마크	9	11	5	8.3
10	홍콩	7	12	7	8.7
11	캐나다	15	14	9	12.7
12	뉴질랜드	10	17	14	13.7
13	독일	13	15	17	15
14	타이완	16	19	12	15.7
15	일본	12	10	27	16.3
16	호주	17	18	15	16.7
17	오스트리아	18	20	16	18
18	이스라엘	21	21	13	18.3
19	한국	25	13	19	19
20	아일랜드	14	25	21	20
21	벨기에	19	23	22	21.3
22	프랑스	20	24	25	23
23	말레이시아	22	31	24	25.7
24	포르투갈	23	30	33	28.7

출처: 한국무역협회 국제무역연구원

1위는 싱가포르로 2위와 평균 순위로도 큰 격차를 보이고 있고, 우리나라는 아시아에서도 싱가포르, 대만, 일본에 뒤처져 있다. 창의적인 아이디어가 곧 4차 산업혁명의 경쟁력이 되는 지금 과학을 멀리하는 대한민국은 기회의 이 순간 위기에 직면하고 있다. 4차 산업혁명은 어느 국가가 먼저 핵심기술을 선점하는가가 중요하다. 18세기 산업혁명을 주도한 영국은 증기기관이라는 핵심기술을 선점하여 생산성의 비약적인 증가를 실현시켰으며, 1870년에는 1인당 GDP 또한 산업혁명 직전인 1750년보다 약 2배 가까운 상승을 보였다.[10] 그럼 선두주자로 나서고 있는 나라들은 4차 산업혁명을 어떻게 준비하고 있을까? 미국은 독자적으로 사물인터넷(GE), 인공지능(Google), 무인자동차(Google, Tesla, Ford, GM), 3D 프린팅(Stratasys) 분야에서 첨단 기술력을 보유하고 있으며, 자금력을 보유한 민간주도로 4차 산업혁명을 선도하는 가운데 정부도 다양한 지원책을 적극 추진하고 있다. 독일은 2014년 'Industry 4.0'을 최우선 과제로 선정하여 산학연이 합동으로 노력하고 있다.[11] 일본도 그동안 장기 침체를 극복하고 신성장동력을 확보하기 위해 정부 차원에서 IT 기술 육성을 추진하고 있으며, 중국도 독일의 Industry 4.0을 표방한 '중국 제조 2025' 전략과 '인터넷 플러스' 전략을 추진하고 있다.

4차 산업, 글로벌 ETF에 투자하라

국내에도 4차 산업에 투자하는 ETF가 있다. 하지만 'Tiger 글로벌4차산업혁신기술ETF' 정도만 시가총액이 1,000억 원을 넘을 정도이고

---

10 출처: 현대경제연구원, 4차 산업혁명 기반산업의 R&D 현황 국제비교: 다른 주요국과 비교할 때 비약적인 GDP 상승을 보임.
11 독일 Industry 4.0 주요 내용: 1) 스마트제조시스템의 수직 통합 2) Global Value Chain에 의한 수평 통합 3) 첨단기술을 통한 고속화 4) 생애주기를 일관하는 엔지니어링 - 출처. Bosch

나머지는 규모가 작은 편이다. 해당 ETF는 기초지수인 모닝스타 기하급수적 성장기술 지수(Morningstar Exponential Technologies Index)를 사용하며, 미국, 유럽, 아시아 순으로 다양한 지역에 자산을 배분하고 있다. 헬스케어, 기술, 산업, 통신서비스 등으로 섹터 또한 쏠림이 없는 광범위한 투자를 하고 있는 것이 장점이다. 국내 4차산업 ETF에 투자한다면 Tiger 글로벌4차산업혁신기술ETF를 고르는 것이 좋다.

특정 섹터(나라)에 투자하고 싶다면

반대로 특정 국가나 섹터, 산업에 투자하려면 아쉽게도 우리나라를 벗어나 글로벌 ETF를 찾아야 한다. 국내 ETF시장이 빠르게 성장하여 2017년 처음으로 시가총액 30조 원을 넘었지만, 이는 미국 전체 ETF시장의 1%도 안 되는 규모이다. 흘러넘치는 유동성을 바탕으로 다양한 ETF가 있는 미국 ETF시장에서 4차산업 투자의 기회를 엿보는 것은 어쩌면 당연하게 보인다.

New Technologies Have the Potential to Drive Exponential Productivity Gains

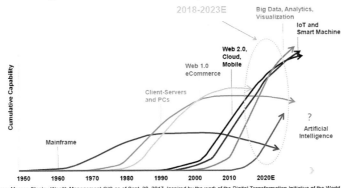

Source: Morgan Stanley Wealth Management GIC as of Sept. 30, 2017. Inspired by the work of the Digital Transformation Initiative of the World Economic Forum and Accenture: http://reports.weforum.org/digital-transformation/

출처: 모건스탠리, On The Markets

모건스탠리의 자료를 보면 2018~2023년까지 향후 5년간 빅데이터, 가상현실, 사물인터넷, 클라우드의 빠른 성장세를 예측하고 있다. 이들은 지금 현재에도 관련 제품을 내보이면서 빠르게 고객들에게 다가가고 있다.

① 클라우드: First Trust ISE Cloud Computing Index Fund (SKYY)
　　11억 달러 규모로 응용 소프트웨어(application software)에 56%, 정보 기술업(information technology services)에 11%를 투자하고 있는 ETF이다.

② 반도체: iShares PHLX Semiconductor ETF (SOXX)
　　11억 달러 규모로 반도체(semiconductor)에 70%, 반도체 장비(Semiconductor Equipment &Testing)에 20%를 투자하고 있는 ETF이다.

③ 로봇: ROBO Global Robotics and Automation Index ETF (ROBO)
　　18억 달러 규모로 로봇산업과 기술에 투자되며 미국 47%, 일본 25%의 자산배분을 하고 있는 ETF이다.

④ SNS: Social Media Index ETF (SOCL)
　　익히 들어 알고 있는 기업인 페이스북, 트위터, 알파벳(구글 지주회사)에 투자되며, 전자 및 게임산업, SNS 기반으로 확장세 중인 텐센트홀딩스를 상위 보유 종목으로 두고 있는 ETF이다.

미국 ETF의 정보를 확인하고 싶다면

① ETF닷컴(www.etf.com)

미국 내 모든 ETF 자료를 쉽게 검색할 수 있는 사이트이다. 특히 개별 ETF의 리포트를 무료로 내려받을 수 있는 곳이기에 우선순위로 알아두어야 할 사이트이다. 인터넷 주소 다음에 슬래시(/) 후 개별 ETF 종목 코드를 입력하면 바로 확인이 가능하다.

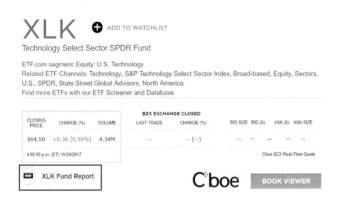

② ETF트렌드닷컴(www.etftrends.com)

미국 내 ETF의 최신 뉴스를 받아볼 수 있는 사이트이다. 특히 개별 ETF를 검색하면 관련 기사를 검색할 수 있어서 투자하고 싶은 ETF의 현재 상황을 알 수 있다.

Top Asset-Gathering 2017 ETFs Focus on Ex-US Stocks

- A prominent theme in the world of exchange traded funds this year has been investors' renewed affinity for international equity funds, including developed and emerging markets. In fact, several of

Read More

Looking for Value? Go Abroad

- By Henry Ma, Julex Capital Management Since the end of the financial crisis, the US has led the global equity market recoveries for over eight years. Table 1 shows the total

Read More

Europe ETFs Are Turning a Lot of Heads

- Europe region-specific exchange traded funds have been attracting a lot of attention this year as investors look beyond lofty valuations in U.S. markets for relatively cheaper plays, and the trend

Read More

5 Most Popular ETFs of 2017

- After crossing over to the second half of 2017, exchange traded fund investors have so exhibited a big preference for international equities over domestic U.S. stocks. While the most popular

Read More

③ 핀비즈닷컴(finviz.com)

주요 ETF를 확인하고 싶다면 이곳에 들어가볼 것을 추천한다. 사이트에 들어가면 오른쪽에 ETF Map이 보인다. 클릭해서 들어가면 왼쪽 상단에 하루, 일주일, 한 달, 1년 등 가장 많이 상승되거나 하락된 주요 ETF의 코드를 한눈에 볼 수 있다. 기간으로도 구분할 수 있으며, PER와 PBR 등으로도 확인이 가능하다. 현재 ETF 시장에서 어느 섹터의 ETF로 자금이 몰리는지 흐름을 읽어 낼 수 있다.

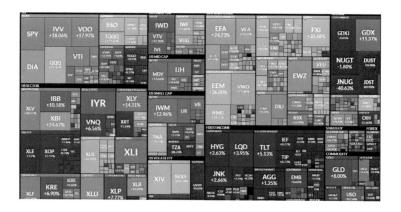

유럽 경제 분석 및 펀드 비교
INVESTMENT
- 피델리티유럽 VS 슈로더유로

유럽 경제, 2018년에도 성장 전망 가능한가?

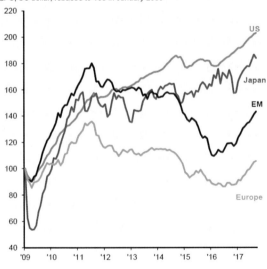

Global earnings
EPS, US dollar, rebased to 100 in January 2009

출처: JP Morgan Market Guideline 4Q, Global earnings

유럽 증시는 그동안 글로벌 증시 랠리에서 상대적으로 소외되었다.
위의 그림을 보면 주요국의 주당순이익(EPS)을 2009년 1월 100을 기준으로 잡고 그린 그래프이다. 유럽은 미국과 일본, 이머징마켓에 비해 많이 저평가되어 있는 것을 볼 수 있다. 하지만 경제 성장 모멘텀이 부각되면서 밸류에이션이 낮은 유럽은 2018년 증시 상승 기대감을 키우고 있다.

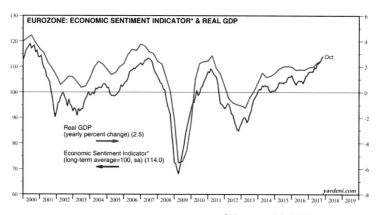

출처: yadeni, 경기 체감 지수와 실질 GDP

유로존 경기 체감 지수는 2015년 이후 3년째 경기 확장세를 지속하고 있다. 2006년 경기 호황기에 근접할 정도로 확장세가 강한 모습이다.

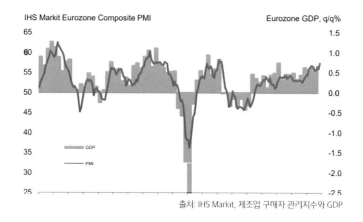

출처: IHS Markit, 제조업 구매자 관리지수와 GDP

특히 제조업과 서비스업 구매자 관리지수(PMI)가 모두 상승세에 있으며, 이는 자동차를 포함한 유로존의 소비 증가와 이에 따른 산업 생산 확대 등 경기가 선순환 구조에 와있다고 볼 수 있다. 유럽중앙은행(ECB)도 목표 물가치인 2% 달성을 위해 2018년에도 완화적인 통화정책을 할 것으로 보인다. 아쉬운 점은 임금 상승률이다. 여전히 이 문제는 전 세계 공통 과제인 듯 보인다.

유럽 경제 최대 관건, 브렉시트

2016년 6월 23일, 영국은 EU 탈퇴 여부를 두고 국민투표를 실행했으나, 많은 예상과 달리 EU 탈퇴를 찬성하는 결과가 나왔다.

표1 브렉시트 진행사항

2016.6.23.	브렉시트 국민투표 통과
2017.1.17.	하드(Hard) 브렉시트 선언
2017.3.29.	영국 정부, EU에 탈퇴 공식 통보
2017.6.19.~2017.11.9.	영국과 EU, 6차례에 걸친 협상
2019.3.30(예정)	영국, EU 탈퇴

문제는 영국의 EU 탈퇴 이후, 장기적인 경기 침체 가능성이다. 여러 연구 단체가 말한 수치는 조금씩 다르나 한목소리로 말하는 것은 향후 몇 년간 GDP의 손실과 함께 막대한 비용이 발생할 것이라는 전망이다. 이미 유럽계 은행들은 브렉시트 결정 이후 1년간 영국

에서 매도한 자산이 약 452조 원에 달한 것으로 보고 있으며,[12] GDP 경제순위도 프랑스에 밀리고 향후 인도에도 내준다는 예측까지 나오고 있다. 유럽인들도 브렉시트가 영국 경제에 부정적이라는 의견을 내리고 있다.

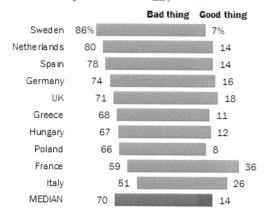

Most say Brexit will be bad for EU

The UK leaving the EU will be a ___ for the EU

	Bad thing	Good thing
Sweden	86%	7%
Netherlands	80	14
Spain	78	14
Germany	74	16
UK	71	18
Greece	68	11
Hungary	67	12
Poland	66	8
France	59	36
Italy	51	26
MEDIAN	70	14

Source: Spring 2017 Global Attitudes Survey. Q48a.

PEW RESEARCH CENTER

출처: www.pewglobal.org, Most say brexit will be bad for EU

유럽 경제가 낙관적인 전망 속에 성장하고는 있지만, 영국이라는 변수와 함께 EU 존속도 언제까지 이어질지 눈여겨봐야 한다.

---

12 파이낸셜타임즈(FT)보도

피델리티유럽 VS 슈로더유로

시중에 나온 유럽 펀드 중에서 규모와 성과 면을 동시에 고르면 다음과 같이 2개의 펀드로 압축된다. 피델리티유럽은 2007년 5월 출시되어 지금까지 527억의 중형 규모로 성장한 펀드이다. 슈로더유로는 비슷한 시기인 2007년 3월에 출시되어 4,273억의 초대형급으로 피델리티를 규모 면에서 압도하고 있는 펀드이다.

1. 영국에 투자되지 않는 펀드, 슈로더유로

표2 세계 지역별 주식 투자 비중

	피델리티유럽 주식형펀드	슈로더유로 주식형펀드
범유럽	96.86%	96.40%
영국	22.07%	0
유로존	57.07%	83.35%
유로존 제외	17.71%	11.04%

출처: 각 자산운용사 홈페이지

위의 표를 보면 슈로더유로펀드는 영국의 투자 비중이 전혀 없다. 대부분이 유로화를 사용하는 유로존 국가에 투자되는 만큼 피델리티유럽펀드와는 투자 비중부터 차이가 난다. 눈여겨봐야 할 부분은 바로 독일과 프랑스이다. 독일은 유로존 PMI보다 높은 62.5를 기록하고,[13] 수출 호조와 투자 가속화로 유럽 경제성장을 이끌고 있다. 프

---

13 2017.11월 기준(지난달 60.6)

랑스도 기업신뢰 지수가 10년래 최고치를 기록했으며,[14] 더불어 최근 노동개혁으로 인한 기업들의 유연한 고용이 가능해지면서 경기 활성화에 기대감을 갖게 했다.[15] 독일과 프랑스의 투자 비중을 살펴보면 피델리티유럽펀드의 국가를 보면 2017년 9월 기준 영국 29%, 프랑스 23%, 독일 13% 순을 나타내고 있고, 슈로더유로펀드는 독일 25%, 프랑스 19%로 피델리티유럽펀드보다 많은 비중을 가지고 있다. 2018년에는 슈로더유로펀드를 주목해야 한다.

2. 성과에서 앞선 피델리티유럽펀드

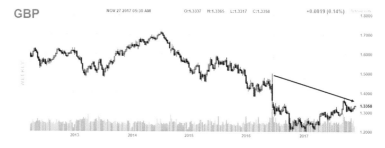

출처: finviz.com, 영국 파운드화

브렉시트 찬성으로 국민투표가 통과된 이후 영국의 파운드화는 위의 그림처럼 폭락했다. 하지만 영국의 대표 증시인 FTSE100지수는 강세를 이어가며 사상 최고치를 연이어 돌파했다. 왜 이런 일이 발생했을까?

---

14 2017.11월 기준(111), 기준점(100)을 상회
15 여기서 말하는 유연한 고용을 해고라고 생각하면 안 된다. 2017년 11월 오히려 기업 고용주들의 채용 계획 개선으로 민간지표지수(109)를 2011년 이후 최고치에 도달했다

자국의 통화가치가 하락하면 수출하는 기업들은 외국 현지에서 판매되는 자사의 제품들이 가격경쟁력을 갖게 된다. 상품의 품질은 동일한데 가격만 하락한 것이다. 이는 수출 증가로 이어지고 수출 기업들의 매출 증대→주가 상승으로 이어지게 된다. 실제로 브렉시트 투표 이후 영국의 수출 기업인 버버리(명품업체), 디아지오(주류업체), BP(석유회사) 등의 주가가 크게 상승했다. 또한 자국 통화가치의 급락으로 저평가된 파운드화를 매수하기 위한 외국인 자금 유입도 한몫했을 것이다. 향후 통화가치 상승으로 인한 환차익을 기대할 수 있기 때문이다. 결국 브렉시트 투표는 지금까지 영국 증시 상승에 결정적인 요인을 제공했다. 피델리티유럽펀드는 슈로더유로가 투자하지 않는 영국에 약 30%를 투자한다. 수익률의 차이는 영국에서 비롯되었다.

3. 경기민감 주식 VS 경기순환 주식

두 펀드의 특징은 투자되는 산업군에 따라 크게 구분이 된다.

표3 업종별 투자 비중

	피델리티유럽 주식형펀드	슈로더유로 주식형펀드
경기순환	**19.68**	**46.89**
기초소재	3.91	14.83
순환소비재	7.87	17.08
금융	7.88	13.81
부동산	0.01	1.17
경기민감	**49.36**	**30.14**
통신서비스	0.05	2.79
에너지	1.4	-
산업재	20.67	15.33
정보기술	27.24	12.01

경기방어	30.97	22.96
방어소비재	10.14	9.17
헬스케어	20.79	9.84
유틸리티	0.05	3.96

출처: 모닝스타코리아(2017.11.30 기준)

피델리티유럽은 경기민감주의 비중이 높으며 슈로더유로는 경기순환주의 비중이 높은 편이다. 대표적인 유럽 펀드라는 공통점은 있지만, 투자되는 국가와 산업이 서로 달라 포트폴리오에 담기 전 꼭 확인이 필요한 대목이다.

미래 유망 투자처는 어디가 될까?

브릭스(BRICs)

브릭스의 꿈은 이뤄질까?

브릭스(BRICs)는 브라질·러시아·인도·중국 4개 국가의 영문 앞 글자를 따서 만든 단어이다. 광활한 국토와 풍부한 자원, 많은 인구의 공통점을 가지고 있는 국가들이다. 2003년 10월 골드만삭스는 보고서 'Dreaming With BRICs: The Path to 2050'을 통해 미국, 일본과 함께 세계 최대 경제권역인 G6로 편입이 가능할 것이라는 장밋빛 청사진을 내놓기도 했다.

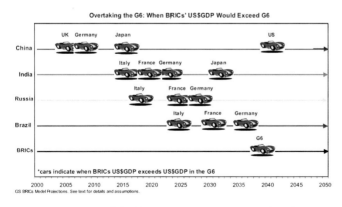

출처: Goldman sachs, Dreaming With BRICs: The Path to 2050

브릭스는 꿈을 현실로 만들 수 있는 능력을 가졌을까? 골드만삭스는 2050년까지 예측한 실질GDP가 성장률대로 진행된다면 놀라운 결과물이 나타날 것으로 예상했다.

BRICs Real GDP Growth: 5-Year Period Averages				
%	Brazil	China	India	Russia
2000-2005	2.7	8.0	5.3	5.9
2005-2010	4.2	7.2	6.1	4.8
2010-2015	4.1	5.9	5.9	3.8
2015-2020	3.8	5.0	5.7	3.4
2020-2025	3.7	4.6	5.7	3.4
2025-2030	3.8	4.1	5.9	3.5
2030-2035	3.9	3.9	6.1	3.1
2035-2040	3.8	3.9	6.0	2.6
2040-2045	3.6	3.5	5.6	2.2
2045-2050	3.4	2.9	5.2	1.9

GS BRICs Model Projections. See text for details and assumptions.

출처: Goldman sachs, Dreaming With BRICs: The Path to 2050

위의 자료가 10년이 넘었다는 것을 감안하면 예측 자료와 지금까지의 성장률 비교를 통해 중간 점검을 할 수 있다. IMF 자료를 통해 2000~2017년 5년간의 평균 GDP 성장률과 총 평균 성장률을 확인해 보자.

Country	00~04	05~09	10~14	15~17	00~17
Brazil	3.14	3.64	3.38	-2.2	2.45
China	9.18	11.4	8.62	6.78	9.24
India	5.72	8.14	7.24	7.27	7.07
Russia	6.88	4.09	3.15	-0.41	3.85

출처: IMF

브라질과 러시아는 G6으로의 꿈에 도달하기에는 아직 갈 길이 멀어 보이며, 중국과 인도는 지금까지는 잘 해왔으나 낮아지는 경제성장률을 어떻게 끌고 갈 건지가 과제로 남아있다.

브릭스는 각각 다른 나라, 개별로 투자하는 것이 더 좋을 수 있다

사실 광활한 대륙만 비슷했지 브릭스 각 국가의 경제구조는 제각각이다. 브라질은 주요 산업이 대두, 커피, 오렌지 등을 생산하는 농축산업이며 철광석, 보크사이트, 주석 등 다양한 광물자원과 원자재를 수출하는 1차 산업 중심 국가이다. 러시아 또한 원유 및 천연가스를 바탕으로 한 에너지 위주의 산업이 중심이며, 이들의 가격 변동에 따라 경제가 좌우되는 취약한 구조를 가지고 있다. 두 국가 모두 지나친 자원 의존도로 인해 네덜란드 병(Dutch disease)[16]에 빠질 가능성도 제기되고 있으며, 최근 몇 년간 원자재 가격 하락으로 인해 경제에 충격이 크게 가해진 것을 보면 이것이 기우가 아님을 알 수 있다. 중국은 값싼 인건비를 바탕으로 대규모 무역수지 흑자를 기록하는 등 대외무역으로 고도의 경제 성장을 이룩했지만, 2009년 금융위기 이후 이뤄진 대규모 설비투자의 역풍과 경제구조의 재편(수출 위주의 산업에서 서비스와 소비 중심의 산업)의 과도기를 겪고 있는 중이다. 인도는 풍부한 노동력과 젊은 인구를 바탕으로 2014년 5월 취임한 모디 총리의 과감한 개혁과 함께 빠른 성장을 일궜지만, 아직까지 경제 기여도에서는 제조업보다는 농림 수산업 부분이 크다는 한계점, 경제성장 과정

---

16 석유, 가스 등 천연자원 개발로 경기호황을 누리던 국가가 자원 수출 효과로 장기적으로는 경제가 침체되는 현상. - 네이버지식백과

에서 발생한 재정적자, 끊이지 않는 종교와 사회갈등 문제는 여전히 풀기 힘든 문제로 남아 있다. 결국 2001년 골드만삭스는 이들 국가를 브릭스(BRICs)로 한데 묶었지만, 각국의 경제 및 주식시장의 성과는 매우 다르게 흘러왔다.

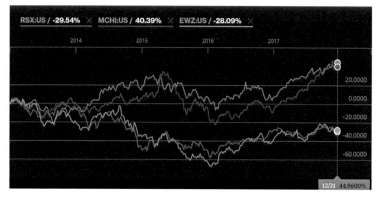

출처: 블룸버그, 각국의 대표 ETF(주황색: 인도, 빨간색: 중국, 파란색: 러시아, 녹색: 브라질)

향후에 브릭스가 어떤 방향으로 갈지는 누구도 예측할 수 없겠지만, 이들 나라는 정치, 경제, 문화, 산업 구조 모두 다른 나라이기에 한데 묶어서 투자하는 것보다는 오히려 개별 국가의 펀드나 ETF를 선택하여 투자하는 것이 더 좋은 방법일 수 있다. 특히 브릭스 국가 중 어느 나라가 중진국의 함정(1인당 국민소득 4,000~1만 달러 범위 대에 속한 국가)[17]에서 빠져나올 수 있을지도 지켜봐야 한다.

---

17 개발도상국이 중진국 단계에서 성장동력 부족으로 선진국으로 발전하지 못하고 경제성장이 둔화되
    게 ㅏ 중진국에 머무르늘 현상을 이름 - 네이버지식백과

Country	1인당 GDP
Brazil	$10,019
China	$8,582
India	$1,852
Russia	$10,248
Korea	$28,739
USA	$59,495

출처: IMF, 네이버

브릭스 펀드, 대부분 중국에 투자

펀드 설정 기간 3년 이상, 운용규모 1,000억 이상의 브릭스펀드로는 슈로더브릭스(05년, 2200억 규모), 미래에셋BRICs업종대표(2007년, 1,100억 규모)가 있다. 이들 펀드의 국가별 투자 비중을 보면 다음과 같다.

투자국가	슈로더브릭스	미래에셋BRICs업종대표
중국	56.6	33.98
브라질	16.3	24.26
러시아	10.6	15.09
인도	13.1	7.03
홍콩	0.8	8.68

출처: 각 자산운용사

두 펀드 모두 중국의 비중(홍콩 주식시장에 상장된 중국기업 포함)이 높은 특징을 보이지만, 그중에서 슈로더브릭스는 중국의 투자 비중이 나머지 3개 나라를 합친 것보다 크며, 미래에셋BRICs업종대표는 비중의 차이는 있지만 슈로더브릭스보다 좀 더 국가별 분산이 되어 있다.

펀드명	슈로더브릭스	미래에셋BRICs업종대표
위험등급/수익률	3년 수익률	
	34.06%	36.53%
표준편차(%)	15.61	16.02
% 순위	52/100	65/100
BM민감도(β)	0.83	0.84
% 순위	38/100	46/100
트래킹에러(TE,%)	7.89	8.24
% 순위	51/100	62/100
샤프지수	0.49	0.48
% 순위	11/100	15/100
젠센알파(%)	2.92	1.21
% 순위	9/100	27/100
정보비율(IR)	0.25	-0.01
% 순위	8/100	30/100

출처: 펀드슈퍼마켓, 2017.12. 기준

3년 간의 성과와 위험을 비교한 자료를 보면 슈로더브릭스가 미래에셋BRICs업종대표보다 지표면에서는 앞서고 있으나 거의 대동소이하다고 볼 수 있다.

BRICs 투자, 개별 ETF로 투자하라

원자재 가격이 상승하면 러시아나 브라질의 인덱스 지수가 상승할 확률이 높다. 반대로 인도는 원자재를 수입해서 소비하는 나라이기 때문에 그 반대로 경제에 좋지 않은 영향을 미칠 수 있다. 결국 브릭스는 개별 인덱스 투자로 차별화하여 가지고 가는 것이 좋다.

브라질 지수형 ETF는 iShares MSCI Brazil Capped ETF(EWZ)로 시가총액이 큰 기업 위주로 구성된 브라질 대표 지수형 ETF이다.

EWZ TOP 10 SECTORS

Financials	39.06%	Utilities	5.47%
Consumer Non-Cyclicals	16.82%	Consumer Cyclicals	3.36%
Basic Materials	14.17%	Telecommunications S...	2.86%
Industrials	8.79%	Healthcare	1.55%
Energy	7.34%		

출처: etf.com, 업종별 상위 포지션

러시아의 대표 ETF는 VanEck Vectors Russia ETF(RSX)로 에너지와 원자재 기업 위주로 구성되어 있다. 원자재 가격 상승 시 가장 큰 수혜를 입을 ETF로 볼 수 있다.

Energy	40.43%	Telecommunications S...	6.18%
Basic Materials	16.49%	Utilities	3.27%
Financials	15.76%	Industrials	0.57%
Consumer Non-Cyclicals	8.73%		
Technology	7.12%		

출처: etf.com, 업종별 상위 포지션

인도의 대표 ETF는 WisdomTree India Earnings Fund(EPI)로 산업별로 잘 분산되어 있다.

EPI TOP 10 SECTORS

Financials	22.46%	Industrials	6.19%
Energy	19.91%	Healthcare	5.79%
Technology	16.74%	Consumer Non-Cyclicals	4.35%
Consumer Cyclicals	10.10%	Utilities	3.66%
Basic Materials	8.21%	Telecommunications S...	1.46%

출처: etf.com, 업종별 상위 포지션

중국 ETF는 다른 브릭스 국가보다 많은 ETF가 있지만 홍콩 증권 거래소에서 거래되는 가장 큰 기업 50개로 구성된 iShares China Large-Cap ETF(FXI)가 대표적이다.

FXI TOP 10 SECTORS

Financials	58.08%	Industrials	3.01%
Energy	11.07%	Basic Materials	1.88%
Technology	10.23%	Utilities	0.50%
Telecommunications S...	9.36%		
Consumer Cyclicals	5.88%		

출처: etf.com, 업종별 상위 포지션

브릭스로 투자되는 ETF도 있지만 국가별 투자 비중이 제각각이라 확인하고 들어가는 것이 좋다.

EEB TOP 10 COUNTRIES VIEW ALL

Hong Kong	20.62%	United States	8.44%
China	19.86%	United Kingdom	1.17%
Brazil	17.32%	Taiwan, Province of C…	--
India	16.63%	Poland	--
Russian Federation	15.96%	Malaysia	--

출처: etf.com, Guggenheim BRIC ETF(EEB), 국가별 상위 투자 비중

BKF TOP 10 COUNTRIES VIEW ALL

Hong Kong	45.49%	United States	3.10%
India	17.61%	United Arab Emirates	--
Brazil	13.99%	Singapore	--
China	12.86%	Peru	--
Russian Federation	6.94%	Indonesia	--

출처: etf.com, iShares MSCI BRIC ETF(BKF), 국가별 상위 투자 비중

BIK TOP 10 COUNTRIES

China	57.22%	United States	2.00%
Hong Kong	11.67%	Korea, Republic of	--
Russian Federation	10.30%	Singapore	--
Brazil	10.18%	Zimbabwe	--
India	8.63%		

출처: etf.com, SPDR S&P BRIC 40 ETF(BIK), 국가별 상위 투자 비중

EEB가 다른 ETF보다 중국 투자 비중이 적어 각 나라별로 잘 분산된 모습을 보이고 있다.

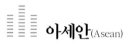

아세안(Asean)

1967년 5개국을 중심으로 창설된 아세안은 이후 베트남·미얀마 등의 참여로 총 10개국 체제를 완성하며 50년이 흘러왔다. 인구 6.3억명, 경제규모 세계 6위, 교역규모 세계 4위의 어엿한 대규모 경제권역을 형성한 아세안은 미래 유망 투자처로 발돋움하고 있다.

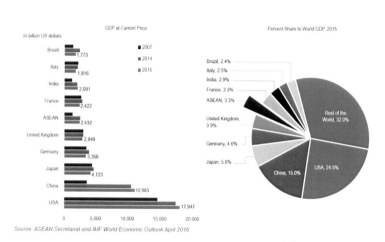

출처: AEC-Chartbook 2016

아세안, 미래의 유망 투자처가 될 것인가?

아세안은 종교·경제·정치·문화 등 여러 면에서 차이가 있으며, 특히 싱가포르를 제외하면 중진국에도 미치지 못하는 하위 국가들이 많은 것이 특징이다. 만일 아세안 내에서 정치·경제 등의 문제로 체제의 불안이 나타나면 어떤 국가가 중심이 되어 해결을 할 수 있을까? 유로의 경우 독일이 앞장서서 유로존 내의 문제를 해결하고 이끄는 리더 국이지만, 아세안은 아직 독일처럼 역할을 수행할 나라가 없는 것을 가장 큰 불안요소로 꼽는다. 1인당 GDP 규모로 보면 싱가포르가 아세안의 주도국이 되어야 하지만 인구와 대륙의 규모, 금융을 제외한 산업 등의 면에서는 아세안의 자금공급책으로서의 역할만 기대될 뿐이다. 반대로 유로처럼 단일 통화를 사용하지 않고, 각국이 경제공동체로서만 제한된 역할을 수행하며 발전을 도모한다면 아세안의 체제 유지와 나아가 포스트 차이나로서의 거대 경제권역으로 미래 유망 투자처가 될 수도 있다. IMF의 자료에 따르면 2022년까지 꾸준한 성장을 달성할 것으로도 보고 있다.

아세안 주요국의 향후 경제성장률 및 GDP

나라	2015	2016	2017	2018	2019	2020	2021	2022
브루나이	-0.405	-2.465	-1.265	0.608	8.705	8.944	11.197	5.31
	12.931	11.399	11.963	11.991	12.824	13.806	15.326	16.319
캄보디아	7.197	7.042	6.947	6.759	6.792	6.508	6.301	6.009
	18.15	20.157	22.252	24.307	26.566	28.945	31.488	34.15
인도네시아	4.876	5.016	5.151	5.3	5.5	5.5	5.501	5.501
	861.143	932.448	1,010.94	1,092.14	1,179.91	1,290.84	1,433.46	1,580.09
라오스	7.27	7.023	6.907	6.89	7.131	7.057	6.99	6.999
	14.363	15.768	17.152	18.674	20.444	22.365	24.383	26.576
말레이시아	5.028	4.22	5.43	4.76	4.8	4.9	4.9	4.9
	296.434	296.536	309.858	340.923	376.651	415.002	457.179	499.968
미얀마	6.993	6.121	7.234	7.609	7.478	7.523	7.54	7.549
	59.485	64.366	66.966	74.002	82.178	91.167	100.98	111.361
필리핀	6.067	6.924	6.6	6.7	6.8	6.8	6.8	6.8
	292.774	304.906	321.189	357.792	397.663	442.024	491.388	543.423
태국	2.941	3.238	3.708	3.456	3.392	3.111	3.034	3.034
	399.205	407.109	437.807	466.623	498.189	527.129	555.89	585.767
베트남	6.679	6.211	6.3	6.3	6.2	6.2	6.2	6.2
	191.454	201.309	215.963	234.688	255.667	277.791	301.353	326.942

출처: IMF, database, GDP 단위: 억 달러

경제면의 모습을 본다면 싱가포르는 금융을 중심으로 아세안의 대외자금공급책의 역할을 담당하고 있으며, 이를 바탕으로 향후 제조업은 인도네시아·태국·말레이시아를 중심으로, 농업은 인도네시아·베

트남·태국을 중심으로, 메디컬과 바이오는 싱가포르·말레이시아·태국을 중심으로, 금융은 싱가포르·말레이시아를 중심으로 육성하여 산업의 분업화를 통해 경쟁력을 키워갈 전망이다.[18]

아세안 투자, 아세안펀드와 베트남펀드를 혼합하라

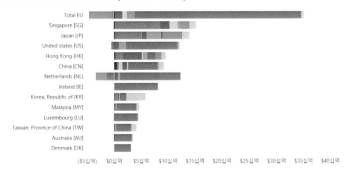

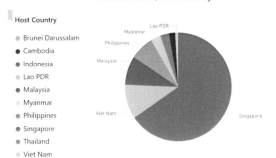

출처: http://www.aseanstats.org, FDI 주요 투자국과 투자 지역

18　박준홍, '떠오르는 아세안을 주목하라', 포스코경영연구소, 2015

우리나라는 유독 베트남에 투자를 많이 한다. 앞의 그림을 보면 전 세계에서 가장 많이 베트남에 투자를 한 나라도 한국이다. 투자 건수나 금액 모두 1위이다. 제조업 중심의 대기업뿐만 아니라 중소기업, 금융회사 등 업종을 가리지 않고 투자 규모를 늘리고 있다. 중국 경제 성장률의 감소와 인건비의 상승 등의 이유로 중국에서 베트남으로 이전하는 기업들도 상당하다. 저렴한 인건비와 낮은 법인세, 젊은 층이 두터운 베트남은 향후 빠른 경제성장을 이룩할 아세안 국가로 꼽히고 있다. 국민들의 성실·근면함도 과거 우리나라가 고도성장기를 이룩할 때의 모습과 닮아 있다. 금융투자협회에서 발표한 2017년 비과세 해외 주식형펀드 가운데 단일 투자국으로는 중국에 이어 2번째를 기록했다.

주요 베트남펀드의 1년 수익률 및 표준편차

펀드명	1년 수익률	1년 표준편차
한국투자베트남그로스증권자투자신탁(주식)(A)	32	9.1
미래에셋베트남증권자투자신탁 1(H-USD)(주식-파생형)종류A	30.91	9.52
유리베트남알파증권자투자신탁[주식]_C/C-F	23.35	9.12
미래에셋베트남증권자투자신탁 1(UH)(주식)종류A	25.96	10.95
유리베트남알파증권자투자신탁UH[주식]_C/C-e	18.64	10.59

출처: 펀드닥터(기준일 2017.12.01.)

주요 베트남펀드의 1년간 수익률 및 표준편차(위험)를 살펴보면 한국투자베트남 펀드의 성과 및 위험관리가 돋보였다.

아세안펀드 중에는 설정기간 3년 이상, 운용규모 1,000억이 넘는 펀드는 삼성아세안펀드가 유일하다. 10억이 넘는 펀드 가운데 베트남 펀드가 27개인 데 비해 아세안펀드는 14개로 베트남펀드에 비해 관심도가 떨어진다고 볼 수 있다. 삼성아세안펀드는 아세안 주요 5개국에 집중 투자를 하며, 베트남 투자 비중은 작다.

구분	주식 내 비중	구분	주식 내 비중
싱가포르	38.52	금융	32.21
태국	23.42	에너지	14.31
인도네시아	17.92	산업재	14.19
말레이시아	9.3	경기비연동소비재	10.87
필리핀	8.18	소재	9.97

출처: 펀드닥터(기준일 2017.11.01.)

투자 비중 국가를 보면 1인당 GNP 비중으로 선진국 반열에 오른 싱가포르가 가장 높으며, 아세안 국가 중 GDP 규모가 큰 인도네시아와 태국의 투자 비중이 높은 편이다.

주요 펀드의 위험-수익 비교

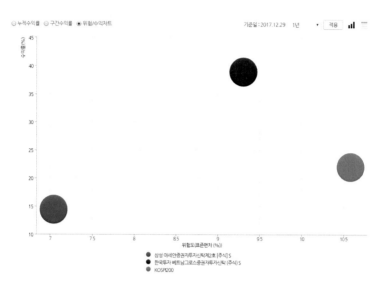

출처: 펀드슈퍼마켓(기준일 2017.12.29.)

　　베트남펀드와의 비교를 통해 보면 위험과 수익의 정도가 눈에 띌 정도로 구분이 된다. 펀드 투자 자체로 봐도 삼성아세안펀드는 낮은 위험도를, 한국투자베트남그로스펀드는 높은 위험도를 가진 펀드에 속한다.[19] 투자를 한다면 베트남펀드와 아세안펀드로 분산투자하는 것이 위험관리와 수익 면에서 좋다.

---

19 펀드슈퍼마켓 기준

투자의 방향은 달러, OITP(Other Important Trading Partners) **지수를 확인하라**

보통 달러가 강세로 가면 미국 본토나 선진국으로 자금이 회귀하는 반면, 약세 구간에는 더 높은 수익을 찾기 위해 이머징 시장으로 흘러들어가기 마련이다. 아세안 투자도 마찬가지로 달러의 방향이 중요하다.

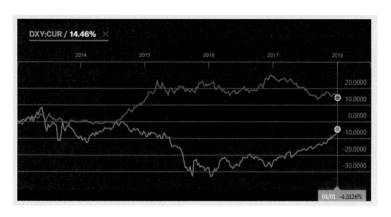

출처: www.bloomberg.com, 수황색: CIMB FTSE ASEAN 40, 파란색: DOLLAR INDEX

위의 그림은 달러인덱스(파란색)와 아세안ETF(주황색)의 비교를 나타낸 자료이다. 달러의 방향과 역의 상관관계가 형성되어 있는 것을 볼 수 있다. 달러가 강세로 가는지 약세로 가는지가 중요한 국면인 것이다. 앞으로 미국 금리 인상에 따른 달러 강세 요인과 그 속도는 아세안 투자의 부정적인 요소로 작용할 것이다.

달러지수를 확인할 때에도 몇 가지 고려해야 할 점이 있다. 일반적인 달러지수는 26개국을 대상으로 하며, 여기서 선진국과 신흥국을 나눠서 총 3가지의 달러지수를 나타낸다. 선진국 통화 대비 달러 가격을 확인하는 지수를 Major Currency라 부르며, 구성은 유로화, 엔화, 파운드화, 캐나다 달러화, 스위스 프랑화, 스웨덴 크로나화, 호주 달러화로 이뤄진다. 우리가 지켜봐야 할 것은 선진국 대비가 아닌 신흥국 대비 달러 가치이다. OITP(Other Important Trading Partners) 지수는 앞에서 언급한 7개의 통화를 제외한 나머지 19개의 신흥국 통화로 산정하며, 구성은 중국, 멕시코, 한국, 대만, 브라질, 인도, 싱가포르, 말레이시아, 태국, 러시아, 홍콩, 이스라엘, 인도네시아, 사우디아라비아, 칠레, 콜롬비아, 필리핀, 아르헨티나, 베네수엘라 순으로 돼 있다. 신흥국에 투자할 때에는 OITP 지수가 더 정확한 방향성을 가리킨다.

출처: https://fred.stlouisfed.org/series/DTWEXO

투자의 노하우 1
_적립식투자와 거치식투자

 적립식투자는 만능이 아니다

"펀드투자, 어떻게 하고 있나요?"

대부분 돌아오는 답변은 '적립식'으로 투자한다는 것이다. 언제부터일까? 우선 적립식펀드가 유행한 날로 돌아가 보자. 2000년대 초반 중국은 전 세계의 공장으로 불리며 수출을 통해 높은 경제성장률을 보였다. 더불어 국내에는 IMF 이전의 고금리 시대가 막을 내리고 저금리가 본격적으로 도래된 시점이기도 하다.

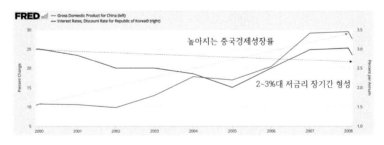

출처: 세인트루이스, 좌측/파란색: 중국GDP성장률, 우측/빨강색: 한국 기준금리 추이

중국의 경제성장으로 우리나라의 주식시장도 활기를 띠었고, 낮은 금리에 매력을 잃은 대중들은 투자로 눈을 돌리기 시작했다. 저축에서 투자로 자금이 본격적으로 이동한 역사적인 시점이라고 할까. 하지만 원금이 보장되는 예금·적금만 해왔던 사람들이 원금손실 가능성이 있는 투자를 선뜻 할 수 있었을까? 그 의문점에 대한 해답이 바로 '적립식투자'이다.

안정성(?)이라는 무기를 장착한 적립식펀드

적립식투자의 방법은 단순하다. 정기적으로 같은 금액을 납입하는 방식이다. 그동안 정기적금에 익숙한 사람들에게 어렵지 않은 납입방식이다. 그럼 주가가 하락해도 같은 가격으로 더 많은 좌수를 확보하게 되고, 이후에 주가가 상승하면 낮은 매입가로 인해 수익을 낼 수 있는 투자방식으로 알려졌다. 금융기관의 광고와 언론매체의 홍보도 한몫했다.

> 조금씩 계속 넣는 게 중요, 장기투자는 적립식 형태가 적합
> - 조선일보, 2009.5.14.
>
> '안전하게 적금처럼 투자' 적립식 펀드 판매 불붙어
> - 중앙일보, 2004.4.15.
>
> 펀드투자 어떻게?··· 전문가들 "적립식 장기투자가 최선"
> - 동아일보, 2003.2.12.

안정적인 투자방식으로 알려진 덕분에 펀드로의 유입은 날이 갈수록 커졌다. 주식시장의 활황으로 수익도 지속적으로 발생했으며, 국내 주식형펀드뿐만 아니라 중국펀드에 대한 관심도 대단했다.

1가구 1펀드 바람이 불던 2004년부터 2007년까지 펀드설정 잔액이 무려 2배 넘는 모습을 보이기도 했다. 이후에는 이미 다 알고 있는 서브프라임모기지 사태로 인해 큰 손실을 입었지만, 이때에는 투자를 하면 누구나 부자가 되는 꿈을 꾼 시기이지 않았나 생각해본다. 그럼 주제로 돌아가서 적립식펀드에 투자했던 사람들은 경제위기 시 안정적으로 극복해나갔을까? 아니면 두 번 다시 적립식펀드에 손대지 않겠다고 다짐했을까? 당시 가장 인기를 끌었던 미래에셋 펀드로 적립식투자 결과와 거치식투자 결과를 비교해보자.

예시1 투자기간: 2004.1.~2008.12.

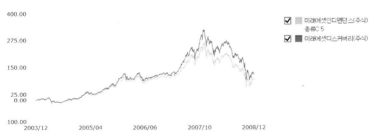

예시2 투자기간: 2006.1.~2008.12.

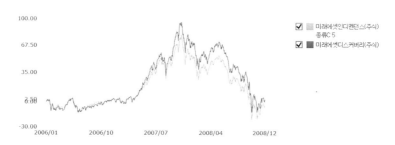

출처: 펀드닥터

당시 코스피 대비 탁월한 수익률을 보였던 미래에셋의 간판 펀드 인디펜던스와 디스커버리 주식형펀드이다. 2개의 펀드를 각각 시기를 달리하여 투자했을 경우의 수익률을 비교하면 다음과 같다.

투자기간: 2004.1.~2008.12.						
		투자금액	평가금액	손익금액	수익률	KOSPI
미래에셋인디펜던스 (주식)	거치식	10,000,000	19,569,906	9,569,906	95.70%	38.70%
	적립식	6,000,000	7,039,880	1,039,880	17.33%	
미래에셋디스커버리 (주식)	거치식	10,000,000	22,326,497	12,326,497	123.26%	
	적립식	6,000,000	7,625,235	1,625,235	27.09%	

투자기간: 2006.1.~2008.12.						
		투자금액	평가금액	손익금액	수익률	KOSPI
미래에셋인디펜던스 (주식)	거치식	10,000,000	9,630,567	-369,433	-3.69%	-18.48%
	적립식	3,500,000	2,895,403	-604,597	-17.27%	
미래에셋디스커버리 (주식)	거치식	10,000,000	10,299,650	299,650	3.00%	
	적립식	3,500,000	2,988,076	-511,924	-14.63%	

투자기간을 달리 설정하면 다른 결과가 나오겠지만, 여기에서는 당시 펀드 가입률이 높아지기 시작한 해부터 금융위기가 발생한 연도까지만 가정하기로 한다. 결과로 보자면 2004년도에 적립식으로 가입한 사람은 적금에 비해 만족하지 못한 수익률로 실망했을 것이며, 뒤늦게 2006년도에 가입한 사람은 '두 번 다시 펀드 가입하나 보자'라고 다짐했을 수 있을 것이다. 반대로 거치식 수익률은 놀랄 만큼 적립식과는 차이를 보인다. 2004년도에는 무려 원금의 2배 정도 수익을 보였으며, 2006년도에는 큰 위기에도 불구하고 나름 선방한 모습을 보이고 있다. 적립식투자는 안정적인 줄 알았는데 왜 이런 결과가 나타나게 되었을까?

적립식투자의 명암

적립식으로 투자하여 수익을 보기 위해서는 주가의 움직임이 V자혹은 U자가 되어야 한다.

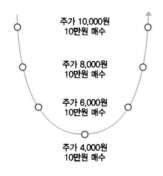

주가 10,000원
10만원 매수

주가 8,000원
10만원 매수

주가 6,000원
10만원 매수

주가 4,000원
10만원 매수

회 차	투자자금	주 가	매입 주수
1월	100,000	10,000	10.0주
2월	100,000	8,000	12.5주
3월	100,000	6,000	16.7주
4월	100,000	4,000	25.0주
5월	100,000	6,000	16.7주
6월	100,000	8,000	12.5주
7월	100,000	10,000	10.0주
합 계	700,000	-	103.3주
평 균	-	6,776	14.8주

출처: 신한금융투자

앞의 그림처럼 주가가 반 토막 이상으로 떨어진 후 극적으로 제자리로 올 경우에 적립식으로 매월 10만 원씩 납입한다고 가정해보자. 주가가 하락하여 전체 투자자금의 평균 매입 단가를 낮춰서 향후 주가 회복 시 수익률을 상승시키는 효과를 보고 있다. 만일 앞의 그림처럼 실제 투자했다면 적립식의 경우 47.6%의 수익률을, 거치식의 경우 0%의 수익률을 기록했을 것이다. 그럼 앞의 그림과 반대의 모양대로 주가가 형성되었을 경우, 적립식으로 투자했다면 어땠을까? 7개월 뒤 끔찍한 수익률로 맞이했을 것이다.

왜 적립식으로 투자했을 경우 망했을까?

확실한 것은 적립식으로 투자할 경우가 목돈으로 투자했을 경우보다 위험에 덜 취약하다는 것이다. 월 10만 원씩 1년간 적립식으로 주식에 투자할 경우와 120만 원을 1년간 거치식으로 주식에 투자한 것을 비교해보자. 1년간 투자할 금액은 120만 원으로 적립식이나 거치식이나 동일하다. 그러나 잘 살펴보면 적립식의 경우 주식에 노출되는 금액이 평균 60만 원으로 거치식 투자와 비교할 때 절반에 불과하다. 나머지는 그냥 은행 통장이나 CMA 등 현금으로 보유하고 있다가 매월 들어가는 것이기에 적립식 투자는 거치식 투자보다 주식에 투자하는 비중이 작아 위험이 적다고 말할 수 있다. 문제는 이렇게 현금으로 가지고 있다가 주식에 들어가는 타이밍이 항상 어렵다는 것이다. 이유는 적립식으로 투자해서 수익을 보려면 V자 혹은 U자라고 앞에서도 설명했듯이 투자하는 초반에 주가가 하락해야 하는 것이다. 그런데 하락하는 장에 투자하는 것이 쉽지 않다. 그래서 적립식 투자는 역발상 투자라고 한다. 남들이 안 할 때 해야 투자에 성공한다는 것이다. 현실에서는 어떤가? 장이 오르기 시작할 때는 관망하다가 한창 오르기 시작했을 경우 투자 여부를 고민하고, 주가가 꼭대기일 때 투자를 시작하지는 않았을까? 적립식 투자를 할 때 가장 안 좋은 주가 모양인 ∧자나 혹은 ∩자 모양에 실패하고 말았을 것이다.

장기간 투자할 때 적립식 투자는 거치식 투자와 마찬가지

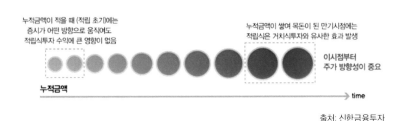

출처: 신한금융투자

"장기투자하면 안전한가요?"

적립식 투자로 장기간 불입하면 안전하다는 인식이 대중들에게 깔려 있다. 앞에서 언급했듯이 투자인식을 바꾸기 위한 방법으로 적립식 투자를 쓴 것일 뿐, 사실 전혀 그렇지 않다. 오히려 장기투자 할 경우 적립식 투자가 어느 순간 거치식 투자로 되어 버린다. 위의 그림을 보면 이해가 쉬울 것이다. 예를 들어보자. 월 10만 원씩 투자하는 펀드에 4개월째 투자해서 40만 원이 쌓여 있는데 주가가 하락하여 5개월째 되는 시점에 납입되는 10만 원은 전체 들어간 금액 40만 원(4개월 동안 10만 원 납입) 중 25%의 비중으로 큰 영향을 미치게 된다. 초반에는 적립식으로의 효과를 크게 본다는 의미이다. 하지만 시간이 지나 3년 정도가 경과했다고 가정해보자. 36개월 동안 납입한 금액인 360

만 원이 적립금으로 쌓여 있다. 이미 목돈이 쌓여 있는 것이다. 37개월째 되는 시점에 주가가 하락하여 투입되는 10만 원은 이미 쌓인 적립금에 얼마큼의 영향을 미칠까? 아마 360만 원에서 손해 본 금액이 더 크기 때문에 추가적으로 투입되는 10만 원은 펀드에 미미한 영향뿐이다. 적립식 효과를 보려면 시간이 경과됨에 따라 투입되는 금액도 거기에 맞게 더 늘려나가야 하는 것이다. 결론적으로 적립식으로 장기간 투자할 경우 적립식 효과는 온데간데없고, 거치식 투자가 되어 버릴 뿐이니 주가 방향성에 주의해야 한다. 그런데도 장기투자하면 안전할까? 적립식으로 들어가니 안전하다고 느끼는 착각일 뿐 오히려 더 큰 위험을 초래할 수 있다. 장기투자 상품인 연금저축펀드, 변액보험 등 노후를 책임질 연금상품이 그 한 예이다.

그럼 어떻게 투자해야 할까?

장기투자의 성공 법칙
- 적립금과 월 이체금을 분리하라

연금저축펀드, 변액연금(변액유니버설), 개인형퇴직연금(IRP)은 노후를 책임질 투자 상품이다. 물론 투자의 책임도 가입자(투자자)에게 있다. 수익이 난다면 노후에 필요한 자금을 수월하게 모을 수 있지만, 반대로 손실이 난다면 노후에 쓸 자금 부족으로 불안한 은퇴를 맞이할 수 있다. 저금리로 물가 상승률을 따라잡지 못하는 상황이 지속되면서 눈에 보이는 원금보다는 실제 화폐 가치를 유지시키는 것이 중요한 지금, 투자는 반드시 선행되어야 할 필수요건이다. 잃지 않고 안전하게 수익을 달성할 수 있는 투자방법은 없을까?

장기투자상품의 특징, 2가지 주머니를 가지고 있다

앞서 말한 장기투자상품은 10년, 20년을 납입할 뿐만 아니라 연금으로 받게 되면 수령이 종료되는 그날까지 40년, 50년을 유지하면서 함께 갈 통장이다. 따라서 수익률도 중요하지만, 안정성도 중요한 상품이다. 이 두 가지를 모두 충족시키면서 함께 갈 수 있을까?

먼저 상품의 특징을 이해하면 어떻게 투자할지가 보인다. 장기투자상품은 매월 불입해서 이체되는 월이체 주머니와 그동안 쌓였던 적립금 주머니, 2개를 가지고 있다. 보통 펀드를 설정하여 배분할 때 2가지 주머니를 고려하지 않게 되면 월이체 주머니와 적립금 주머니가 구분되지 않고 함께 설정이 된다.

표1 펀드 설정 시 2개의 주머니를 구분하지 않을 경우

	미국주식	아시아주식	유럽주식	국내주식
월이체 주머니	25%	25%	25%	25%
적립금 주머니	25%	25%	25%	25%

예를 들어 4개의 펀드에 배분을 하고자 하는데 각각 25%의 비율로 설정하게 된다면 위의 표와 같이 월이체 주머니와 적립금 주머니가 함께 4개의 펀드로 각각 25% 비율로 설정되게 된다. 이 경우 어떤

문제가 있을까?

장기투자상품, 초반보다 중반 이후부터 판가름

적립식 투자의 경우 초반에는 어느 정도 효과를 볼 수 있다는 것을 앞에서 알아봤다. 다만 중반 이후로 넘어갈 경우 자산 가격의 하락이 오게 되면 적립식 효과는 미미해지고, 이미 적립금에서 큰 손실이 발생하여 대응하기가 쉽지 않아진다. 앞의 표1처럼 펀드를 설정할 경우 초반에는 큰 문제가 되지 않지만, 시간이 경과하여 위기가 왔을 경우 주식형 펀드에 들어가 있는 적립금이 큰 손실을 보게 되어 월이체로 들어오는 적립식 자금은 큰 의미가 없어지게 된다. 적립금에 상당하는 규모의 자금을 추가납입하지 않는 이상 저가 매입으로 인한 기준 가격 하락은 볼 수 없다는 뜻이다. 하지만 매월 납입하는 돈만 생각해왔지 정작 주가 조정 시에 추가납입을 할 자금은 따로 마련하지 않았다. 이 부분을 염두에 두고 주머니를 나눠서 관리할 필요성이 있는 것이다.

적립금 주머니는 적극적인 수익률을, 월이체 주머니는 저가 매수 용도로

표2 펀드 설정 시 2개의 주머니를 설정할 경우

	미국주식	아시아주식	유럽주식	국내주식	MMF
월이체 주머니					100%
적립금 주머니	25%	25%	25%	25%	

그럼 표2와 같이 2개의 주머니를 다르게 설정한 경우는 어떠한 효

과를 볼 수 있을까? 우선 적립금 주머니는 주식에 100% 노출되어 수익을 극대화할 수 있지만, 위험도 따르게 된다. 반대로 월이체 주머니는 주식과 전혀 상관없이 안정적인 자금을 모을 수 있게 된다. 한마디로 수익보다는 온전하게 자금을 모으는 용도가 된다는 뜻이다. 이 자금은 주가 조정 시 한데 추가납입에 쓰이는 용도로 활용한다. 한마디로 장기 적립식 투자를 지양하고, 주가 조정기마다 분할 투자를 지향하는 것이다. 분할 투자를 할 수 있는 자금은 월이체 주머니를 활용하고 이는 매월 납입할 여력을 가지고 있는 수입이 있을 때까지 지속한다. 금액을 예를 들어 확인해보자.

표3 금액 설정 1년 후 주가가 조정받았을 때

	미국주식	아시아주식	유럽주식	국내주식	MMF
월이체 주머니					50
적립금 주머니	500	500	500	500	

1년 후

	미국주식	아시아주식	유럽주식	국내주식	MMF
월이체 주머니					50
적립금 주머니	450(-10%)	325(-35%)	425(-15%)	375(-25%)	600

매월 50만 원씩 납입하며 적립금 2,000만 원은 4개의 주식형펀드에 25%씩 분산한다. 1년 후 주가 조정 시에 선진국 주식보다는 신흥국 주식의 수익이 많이 빠진 것을 볼 수 있다. MMF에 매월 넣었던 50만 원의 돈은 손실 없이 1년간 600만 원의 적립금으로 모았다. 이

자금을 주가가 많이 빠진 펀드에 비중을 좀 더 두고 추가납입을 한다.

① 수익은 적립금에서 극대화할 수 있다. 단 안전장치는 월이체 주머니에서 안정적인 펀드인 MMF나 채권형펀드를 선택하여 비중을 100% 담고 계속 납입한다.

② 주가 조정 시 적립금에서 손실이 날 경우 월이체 주머니로 모았던 자금을 손실이 많이 난 펀드에 비중을 좀 더 두고 추가납입을 진행한다.

③ 이후 주가가 반등하여 적립금에서 수익이 날 경우 일부 자금은 MMF 적립금으로 옮겨 놓는다. MMF펀드 자금을 사용하여 다음 위기가 바로 올 경우 대비하기 어렵기 때문이다. 추가납입을 할 자금은 이에 상응하는 자금 규모가 있어야 한다. 이 자금을 사용했으면 기존 적립금에서 수익이 많이 난 펀드를 일부 환매하여 옮겨 놓는 것이다.

④ 반대로 위기 없이 계속 주가가 오른다면 주식형 펀드의 비중을 1년마다 재조정한다. 예를 들어 선진국보다 신흥국 주가가 많이 올라서 처음 설정했을 때보다 신흥국의 적립금 비중이 커졌다고 가정해보자. 처음 설정했던 비중대로 재조정하면 많이 오른 펀드는 일부 매도가 되면서, 좀 덜 오른 펀드에 자금을 실어주게 된다. 이때 주의할 점은 MMF적립금은 건드리면 안 된다는 것이다. 주식형펀드끼리만 조정을 하는 것이다.

장기투자상품은 납입기간 동안(은퇴 전)은 수익률을 적극적으로 기대하면서 적립금의 파이를 키우고 납입이 끝나게 되면(=소득활동이 끝난 상대, 은퇴) 적립금을 안정적으로 운용하여 연금 형식으로 받는 것이 중요하다. 이와 같이 2개의 주머니를 분리해서 운용한 것은 소득활동으로 인해 매월 꾸준히 납입할 여력이 있어 언제든지 안정적인 자금을 만들고 주식형에 있는 적립금에 힘을 실어줄 수 있다는 뜻이다. 그럼 소득활동이 끝나고 은퇴를 맞이하면 어떻게 활용하는 것이 좋을까?

월이체 주머니로 들어오는 자금이 없기 때문에 이제는 적립금으로 자산배분하여 안정적인 운용이 가능하도록 한다. 이때에는 나이와 상황을 고려하여 위험자산과 안전자산을 배분하자. 막 은퇴한 사람이라도 임대소득이나 사업소득, 임금피크제로 인해 은퇴 전보다 소득이 줄었지만 바로 연금이 필요 없는 상황이 있을 수 있다. 이 경우 일정 부분 위험자산으로 적립금을 운용하여 기대 수익률을 높일 방안이 필요하다. 반대로 바로 연금이 필요한 사람도 있을 것이다. 이 경우 위험자산을 한 번에 줄일 경우 장기간 수령하는 연금이 물가상승률에 잠식당할 위험이 있다. 위험자산으로 적립금의 일정 부분은 배분을 하되 안전자산부터 연금을 수령하고 위험자산은 천천히 안전자산으로 변경하면서 수령하도록 하자. 최근에는 이런 장기투자상품에 가입자가 관리하는 것을 대신하여 운용사가 관리하는 자산배분펀드가 편입되어 있다. 투자관리가 어렵거나 노년에 따로 신경 쓰지 않고 알아서 운용을 하는 투자상품이 더 좋은 선택일 수 있다. 자산배분과 관련 펀드에 대해 알아보자.

투자의 노하우 2
_자산배분

투자한다면 반드시 지켜야 할 원칙

2003	2004	2005	2006	2007	2008	2009	2010	2011	2012	2013	2014	2015	2016	1H '17
EM 56.3%	REIT 31.6%	EM 34.5%	REIT 35.1%	EM 39.8%	HG Bnd 5.2%	EM 79.0%	REIT 28.0%	REIT 8.3%	REIT 19.7%	Sm Cap 38.8%	REIT 28.0%	REIT 2.8%	Sm Cap 21.3%	EM 18.6%
Sm Cap 47.3%	EM 26.0%	Int'l Stk 14.0%	EM 32.6%	Int'l Stk 11.6%	Cash 1.8%	HY Bnd 57.5%	Sm Cap 26.9%	HG Bnd 7.8%	EM 18.6%	Lg Cap 32.4%	Lg Cap 13.7%	Lg Cap 1.4%	HY Bnd 17.5%	Int'l Stk 14.2%
Int'l Stk 39.2%	Int'l Stk 20.7%	REIT 12.2%	Int'l Stk 26.9%	AA 7.6%	AA -22.4%	Int'l Stk 32.5%	EM 19.2%	Lg Cap 4.4%	Int'l Stk 17.9%	Int'l Stk 23.3%	AA 6.9%	HG Bnd 0.6%	Lg Cap 12.0%	Lg Cap 9.3%
REIT 37.1%	Sm Cap 18.3%	AA 8.9%	Sm Cap 18.4%	HG Bnd 7.0%	HY Bnd -26.4%	REIT 28.0%	Lg Cap 15.2%	AA 2.1%	Sm Cap 16.4%	AA 11.5%	HG Bnd 6.0%	Cash 0.1%	EM 11.6%	AA 7.3%
Lg Cap 28.7%	AA 14.1%	Lg Cap 4.9%	AA 16.7%	Lg Cap 5.5%	Sm Cap -33.8%	Sm Cap 27.2%	HY Bnd 15.1%	Cash 0.3%	Lg Cap 16.0%	HY Bnd 7.4%	Sm Cap 4.9%	Int'l Stk -0.4%	REIT 8.6%	Sm Cap 5.0%
HG Bnd 28.2%	Lg Cap 10.9%	Sm Cap 4.6%	Lg Cap 15.8%	Cash 4.8%	Lg Cap -37.0%	Lg Cap 26.5%	AA 13.5%	HG Bnd 0.1%	HY Bnd 15.6%	REIT 2.9%	HY Bnd 2.5%	AA -1.3%	AA 7.2%	HY Bnd 4.9%
AA 25.9%	HY Bnd 10.9%	Cash 3.2%	HY Bnd 11.8%	AA 2.2%	REIT -37.7%	AA 24.6%	Int'l Stk 8.2%	Sm Cap -4.2%	AA 12.2%	Cash 0.1%	Cash 0.0%	Sm Cap -4.4%	HG Bnd 2.7%	REIT 4.5%
HG Bnd 4.1%	Cash 4.3%	HY Bnd 2.7%	Cash 4.7%	Int'l Stk -1.6%	Int'l Stk -43.1%	HG Bnd 5.9%	HG Bnd 6.5%	Int'l Stk -11.7%	HG Bnd 4.2%	HG Bnd -2.0%	Int'l Stk -1.8%	HY Bnd -4.6%	Int'l Stk 1.5%	HG Bnd 2.3%
Cash 1.0%	Cash 1.4%	HG Bnd 2.4%	HG Bnd 4.3%	REIT -15.7%	EM -53.2%	Cash 0.2%	Cash 0.2%	EM -18.2%	Cash 0.1%	EM -2.3%	EM -4.5%	EM -14.6%	Cash 0.3%	Cash 0.3%

Abbr.	Asset Class – Index	Annual	Best	Worst
Lg Cap	Large Caps Stocks – S&P 500 Index	9.73%	32.4%	-37.0%
Sm Cap	Small Caps Stocks – Russell 2000 Index	10.86%	47.3%	-33.8%
Int'l Stk	International Developed Stocks – MSCI EAFE Index	8.76%	39.2%	-43.1%
EM	Emerging Market Stocks – MSCI Emerging Markets Index	12.65%	79.0%	-53.2%
REIT	REITs – FTSE NAREIT All Equity Index	11.20%	37.1%	-37.7%
HG Bnd	High Grade Bonds – Barclay's U.S. Aggregate Bond Index	4.21%	7.84%	-2.0%
HY Bnd	High Yield Bonds – BofAML US High Yield Master II Index	9.24%	57.5%	-26.4%
Cash	Cash – 3 Month Treasury Bill Rate	1.15%	4.7%	0.0%
AA	Asset Allocation Portfolio*	8.73%	25.9%	-22.4%

출처: novelinvestor.com, 연도별 자산 군의 성과표

매년 가장 수익률이 좋은 곳을 미리 알고 투자한다면 얼마나 좋을까.
누구나 꿈꾸는 이상적인 투자방법이 아닐까? 그래서 금융회사는 꽤 똑
똑한 사람을 뽑아 경제를 예측하고 유망한 투자시장을 찾아내려고 애
쓴다. 그러나 역사는 이를 비웃듯 매번 시련과 고통을 안겨주었다.

모든 이로 하여금 자신의 돈을 세 부분으로 나누게 하되, 3분의 1은 토지
에, 3분의 1은 사업에 투자하게 하고, 나머지 3분의 1은 예비로 남겨두게
하라.

- 『탈무드』(B.C.1200~A.D.500년경)

자산배분은 최근에 많이 강조되고 있지만, 오래전부터 쓰였던 방법
이다. 수익률을 높이려는 방법이 아니라, 분산투자를 통해 위험을 줄
이고 이를 통해 안정적인 수익을 달성하려는 방법이라 할 수 있다. 그
럼 자산배분은 어떻게 하는 것인가? 여러 금융상품에 분산해서 투자
하면 될까? 예를 들어, 인덱스펀드, 삼성그룹주펀드, 차이나펀드, 브
릭스(BRICs)펀드 4개 펀드로 분산투자했다고 보자. 국내 주식과 해외
주식으로 잘 분산되어 보이지만 실상 내용을 보면 그렇지 않다. 코스
피지수와 움직임을 같이 설계한 인덱스펀드에는 삼성그룹이 차지하
는 부분이 절대적이다. 중국을 제1의 수출대상국으로 하는 우리나
라는 중국의 증시 움직임에서도 자유로울 수 없을 것이다. 또한 브릭
스 내에서 차지하는 중국 비중도 만만치 않다. 그래서 투자시장에 위
험이 닥칠 경우 4개의 펀드는 모두 손실을 기록할 확률이 높다. 이는
적절치 못한 자산배분이다.

표1 펀드 설정금액이 많은 대표 펀드 비교 (2017.08. 기준)

삼성KODEX삼성그룹주증권상장지수투자신탁		
구분	주식내 비중	코스피 시가총액 등수
삼성전자	27.99	1위
삼성생명	13.13	10위
삼성물산	12.63	7위
삼성화재	11.42	23위
삼성SDI	8.49	29위
슈로더브릭스증권자투자신탁		
구분	주식내 비중	TOP5 종목
홍콩	40.02	TENCENT HOLDINGS LTD_중국기업
브라질	17.89	AlibabaGrp SpnADR(EachRep1Ord)_중국기업
인도	15.22	CHINA CONSTRUCTION BANK-H_중국기업
중국	14.05	CHINA MOBILE HONG KONG LTD_중국기업
러시아	9.56	CHINA PETROLEUM & CHEMICAL-H_중국기업

출처: 펀드닥터, 제로인
※ 브릭스에는 홍콩이 포함되지는 않지만, 해당 펀드는 홍콩증시에 상장된 중국기업을 의미함

결국, 자산배분은 각 자산의 가격 변동성이 서로 상관관계가 적어야만, 포트폴리오에서 기대하는 수익률을 유지하면서 위험 발생 시 손실을 최소화할 수 있다. 자산배분에 쓰이는 투자대상은 매우 다양하지만, 크게 국내 주식과 채권, 해외 주식과 채권, 국내와 해외 통화, 원자재 등으로 볼 수 있다.

자산배분, 국민연금 포트폴리오에서 그 힌트를 찾다

자산배분에 따른 포트폴리오는 금융사별로, 전문가별로 다양하다. 상이한 의견을 제시하는 곳도 많기 때문에 정보의 홍수 속에 사는 현대인들에겐 이런 자체가 선택의 고통만 남을 뿐이다. 해결책은 없을까?

표2 국민연금 중기 자산배분안

구분	2015년 말		2017년 말		2021년 말
	금액(조원)	비중(%)	금액(조원)	비중(%)	비중(%)
주식	164.8	32.3	210.7	34.6	45% 내외
국내 주식	94.9	18.6	117.1	19.2	20% 내외
해외 주식	69.9	13.7	93.6	15.4	25% 내외
채권	292.2	57.1	325.4	53.5	45% 내외
국내 채권	270.3	52.8	301.1	49.5	40% 내외
해외 채권	21.9	4.3	24.3	4	5% 내외
대체 투자	54.7	10.7	72.4	11.9	10% 이상
금융 부문 계	511.7	100	609	100	100%

출처: 국민연금공단, 보건복지부 보도자료

자료는 국민연금공단에서 발표한 중기 자산배분안에 관한 내용이다. 크게 5가지 자산에 투자하며, 눈에 띄는 것은 해외 주식 비중을 늘린 것이다. 저성장 시대에 돌입한 국내 경제를 고려하여 목표수익률 달성을 위해 포트폴리오를 조정한 것으로 보인다.

국민연금 기금 운용 성과

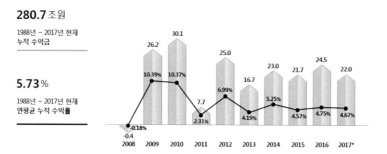

(단위: 조원, 2017. 5월말 기준)

280.7조원

1988년 ~ 2017년 현재
누적 수익금

5.73%

1988년 ~ 2017년 현재
연평균 누적 수익률

출처: 국민연금공단

　국민연금은 연평균 누적 수익률에서도 물가 상승률 이상의 수익률을 달성하고 있으며, 2008년 금융위기와 2011년 유럽 재정위기에도 자산배분으로 인해 위험을 최소화할 수 있었다. 하지만, 국민연금 포트폴리오를 벤치마킹하기엔 개인들로서는 자원의 한계를 느낄 수 있을 것이다. 특히 대체투자 부분은 전문가가 아닌 이상 쉽게 접근하기도 쉽지 않을 것이다. 일반적인 주식과 채권 부분은 펀드나 ETF를 활용하는 것이 보편적일 것이며, 대체투자 부분은 금(金)에 투자함으로써 위험에 대한 전체 포트폴리오를 관리하는 방향으로 잡으면 될 것이다. 특히 금은 인플레이션의 위험을 생각할 때 가장 효율적인 투자 상품이며, 정치·경제·군사적인 불확실성이 대두되는 시점에서도 포트폴리오 내의 큰 힘이 되어줄 것이다.

재무설계 기반의 자산배분

> 목적은 더 이상 시장을 능가하는 것이 아니라 오히려 투자자들이 최소의
> 위험으로 자신의 재무목표를 달성할 수 있는 적절한 장기 전략을 고안하
> 는 것이다.
>
> - 로저 C. 깁슨, 『자산배분전략』

재무목표는 개인마다 다르기 때문에 투자자들의 포트폴리오도 다양해질 수 있다. 그러므로 투자자의 투자 목표, 적절한 투자 기간, 변동성(위험) 허용 수준 등을 고려하여 다양한 자산에 최적의 배분을 할 수 있도록 한다. 예를 들어, 위험성향이 적극적인 투자자의 경우 국민연금 자산배분안에서 채권의 비중을 줄이고 주식의 비중을 높이는 방법을 선택할 수 있으며, 단기간 재무목표 실현을 위해서 주식보다 채권 비중을 높여 안정성을 우선적으로 선택할 수 있을 것이다.

자산배분펀드 하나면 모든 것이 해결될까?

자산배분이 고민인 분들이 또 한 번 고민하는 것이 자산배분펀드에 가입하는 것이다. 군이 여러 개의 펀드에 가입해서 비중을 조정하는 것보다, 자산배분펀드 하나 가입해서 유지하는 것이 속 편하기 때문이다. 과연 그럴까?

자산배분펀드, 수익성보다 안정성

자산배분펀드는 고수익을 바라보고 가입하는 사람에게는 맞지 않을 수 있다. 철저하게 여러 가지 자산에 배분을 하여 투자의 위험을 줄이는 것이 목적이기 때문이다. 투자 위험이라고 하면 펀드에 주식 편입 비율이 얼마인지를 따져보면 알 수 있다. 시중에서 많이 판매되고, 설정기간도 꽤 오래된 펀드인 블랙록글로벌자산배분펀드를 예시로 들어보자.

펀드구성 *
자산별(%)

주식	
북미 주식	27.4
유럽 주식	14.5
아시아 주식	13.9
아프리카/중동 주식	0.3
중남미 주식	0.1
채권	
미국 채권	19.1
미국 외 채권	12.9
현금	
현금	6.9
금 등(원자재 관련)	
금 등(원자재 관련)	5.0

출처: 펀드닥터, 블랙록자산배분펀드 자산별 내역(2017.05.31. 기준)

주식에 60% 미만, 채권에 30% 이상, 그리고 현금과 금 등 원자재 관련에 투자되고 있다. 이 중 투자로서 수익을 기대할 수 있는 곳은 주식과 원자재로 펀드 구성에서 60% 정도를 차지한다. 나머지 40%는 위험이 거의 없는 미 국채와 현금에 투자되고 있다. 위험자산 6, 안전자산 4로 구분할 수 있다.

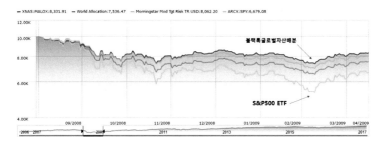

출처: 모닝스타, morningstar.com

미국 서브프라임모기지 사태가 한창일 때 블랙록글로벌자산배분
펀드와 S&P500 ETF의 수익률 추이를 나타낸 그래프다. 확실히 자산
배분펀드가 안정성 면에서 뛰어나다는 것을 확인할 수 있다. 반대로
위기 이후 지금까지의 수익률 추이를 살펴보면 자산배분펀드가 확실
히 밀리는 것도 확인할 수 있다.

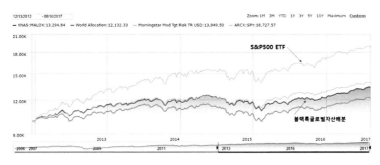

출처: 모닝스타, morningstar.com

은퇴자에게 포커스를 맞춘 자산배분펀드

금융기관이든, 언론이든, 재테크 책이든 자산배분의 중요성을 강조하
고 있지만, 자산배분펀드의 가입률은 그 명성에 미치지 못하고 있다.

현재 자산배분펀드는 91개, 총 수탁고는 1조 7,516억 원(2017년 7월 기준)으로 신영밸류고배당펀드[20] 하나보다 작은 규모이다. 이것도 최근 5년 사이에 급증한 것이다. 2012년도 통계를 보면 9,692억 원이었던 수탁고는 2배 가까이 증가했고, 펀드의 개수 또한 33개로 약 3배 가까이 증가했다. 금융위기 이후 지속해 온 저금리 기조도 한몫했지만, 1958년 개띠를 중심으로 은퇴할 베이비부머의 연금마련 목적이 그 이유이다. 은퇴시점을 고려해 연령에 따라 운용방법이 자동 변경되는 타겟데이트펀드(TDF), 생애 주기에 따라 주식 비중은 줄이고 채권 비중을 높이는 라이프사이클펀드도 은퇴자를 향한 금융사들의 마케팅 포인트였다.

여러 명의 펀드매니저를 고용하라

위험과 수익의 중간쯤에서 투자를 하고 싶다면 다음 펀드와의 비교도 해볼 필요는 있다.

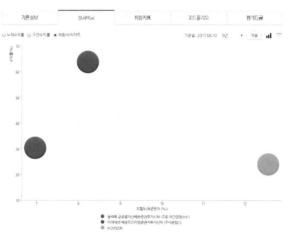

출처: 펀드슈퍼마켓, fundsupermarket

---

20 패밀리 기준 2조 6,867억 원, 2017년 7월 기준.

미래에셋자산운용사의 간판 펀드인 배당프리미엄이다. 해당 펀드는 주식에 70%, 채권과 유동성(현금)에 30%를 투자하는 펀드로 특이한 점은 주식 포트폴리오 중 일부분을 콜 옵션 매도 계약을 체결하여 방어적인 형태의 자산운용을 취한다는 점이다. 콜 옵션 매도란 주가가 크게 오르더라도 일정 가격에 주가를 살 수 있는 권리를 팔고 프리미엄을 얻는 방식을 말한다. 예를 들어 현재 지수가 100, 행사가격이 105인 콜 옵션을 매도할 때, 콜 옵션 프리미엄을 1%라고 가정해보자.

주가지수	주식	콜 옵션 매도 포지션	손익
하락(-5%)	-5%	+프리미엄 1%	-4%
횡보(0%)	0%	+프리미엄 1%	1%
상승(5%)	+5%	+프리미엄 1%	6%
급등(10%)	+10%	-4%{프리미엄 1%-옵션행사Max(110-105,0)}	6%

수익구조는 '채권 이자+배당 수익+콜 옵션 매도 프리미엄'으로 하락할 때 방어하면서 급상승할 때 수익을 덜 먹는 중수익 중위험 펀드라고 할 수 있다. 위의 그림처럼 글로벌 자산배분펀드와의 비교를 통해 '수익-위험'을 체크해보면 미래에셋배당프리미엄이 월등하다는 것을 확인할 수 있다. 위험도를 나타내는 표준편차 차이는 크지는 않지만, 수익률에서는 대략 2배가량 차이를 보이기 때문이다. 이처럼 위험도와 수익성에서 꽤 괜찮은 펀드들이 찾아보면 많이 존재한다. 글로벌 자산배분펀드는 하나의 펀드에 3명의 책임 운용력이 존재한다. 따

라서 전 세계의 많은 주식과 채권, 원자재 등을 3명이 리서치하고 분석한 다음 투자를 결정하는 것이다. 반대로 국내 주식형펀드와 채권형펀드, 해외 주식형펀드와 채권형펀드, 그리고 원자재펀드 이렇게 5개로 나눠서 각각 비율을 조정하여 투자하면 어떨까? 같은 돈을 투자해도 펀드매니저 15명(각 펀드에 3명의 책임 운용력이 있다고 가정할 시)을 고용한 것과 마찬가지 아닐까. 그리고 이들은 각각의 전문분야만 리서치하기 때문에 집중이라는 부분에서 자산배분펀드보다 더 효율적일 수 있다는 가정도 내릴 수 있다. 결국 각각의 펀드를 가입한 다음 비율을 조정하는 것이 더 바람직한 투자가 될 수도 있다.

로보어드바이저 펀드, 자산배분의 정답을 이끌어 낼까?

2016년 3월 우리나라의 이세돌 9단과 알파고 간의 바둑 시합이 있었다. 바둑은 경우의 수가 무한대에 가깝기 때문에 인공지능이라도 바둑을 정복하기는 쉽지 않을 것이라는 말도 있었고 여러모로 두 고수의 대결은 모든 사람의 이목을 집중하기에 충분한 이슈였다. 결과는 1:4로 이세돌 9단이 졌지만, 한편으로는 아직 인공지능이 인간을 뛰어넘지 못했다는 안도도 있던 경기였다.

로보어드바이저 펀드, 인간의 펀드매니저에 대항하다

바둑 대결 이후 인공지능(AI)에 대한 관심은 커져갔고, 4차 산업이 떠오르는 시작점에서 인공지능을 활용한 기술들이 곳곳에서 생겨나기 시작했다. 금융도 마찬가지다. 기존의 알고리즘을 활용한 로보어드바이저 펀드가 시중에 출시되기 시작했다. 로보어드바이저는 수많은 경제지표와 경제데이터 정보를 종합적으로 분석하여 시장 국면에 적합한 자산배분전략을 구성하는 시스템이다. 시장 상황에 따라 다양한 포트폴리오를 구축하고, 투자의 스타일을 변경하며, 목표에 맞게 조정하기도 한다. 사실 이렇게 된다면 인간 펀드매니저는 불필요하게 된다. 2017년 언론을 통해 '로보어드바이저 vs 인간 펀드매니저'의 수익률을 매주 공개하면서 이목을 끌기도 했다. 그럼 2017년 한 해 동안은 누가 승리했을까?

언론에 따르면 시중에 출시된 로보어드바이저 펀드의 2017년 수익률은 8%대로 인간 펀드매니저가 운용하는 펀드의 절반 수준에 그쳤다. 자산배분을 중심으로 보수적인 운용에 자금이 몰렸던 로보어드바이저 펀드가 2017년 글로벌 주식시장의 상승에서 살짝 비켜간 것이 결정적인 원인이다. 하지만 기존 펀드 수수료보다 저렴하며, 대형 금융사에서도 로보어드바이저 펀드의 라인업을 늘리고, 마케팅을 강화하면서 앞으로 유입되는 자금은 지속적으로 커질 것으로 보고 있다. 미래에는 로봇이 대체할 직업으로 펀드매니저가 선정된 만큼 이들의 설 곳은 점점 줄어들 것이다.

글로벌 자산배분으로 정답, 하지만…

수많은 데이터를 바탕으로 주식과 채권, 실물자산 그리고 여기서 파생된 수많은 자산군[21]으로 자산배분을 한다는 것은 인간이 가진 한계를 생각했을 때 쉽지 않은 방법이다. 오히려 인공지능에게 맞는 방법일 수 있다. 로보어드바이저가 좀 더 신뢰를 얻기 위해서는 한 번의 단계를 거칠 필요가 있다. 바로 경제 위기로 인해 자산 시장이 무너질 때 얼마나 방어를 할 수 있는지 보이는 것이다. 사실 시장이 확실한 상승기로 접어들 때에는 인덱스에 투자하는 것이 가장 쉽고, 효율적인 방법이다. 반대로 자산 시장의 하락이 올 경우 자산배분으로 인한 수익과 손실의 상계는 투자를 지속하는 데 있어 큰 버팀목이 된다. 특히 위험 신호가 포착되면서 이뤄지는 위험자산에서 안전자산으로의 리밸런싱은 로보어드바이저의 큰 장점이기도 하다. 저금리의 지속과 부동산 시장의 침체 등으로 금융시장은 예금과 채권 등 안전자산에서 주식 등 위험자산으로 비중이 옮겨질 전망이다. 로보어드바이저는 그 기회를 타고 점차 커져갈 전망이다. 미래에 로봇이 돈을 관리하는 시대가 오면, 어떤 일이 벌어질지도 사실은 두렵다. 만일 위험 신호로 인해 모든 로봇이 '매도' 주문을 내면 과연 시장은 어떻게 되는 걸까? 성능 좋은 로보어드바이저만 살아남지는 않을까? 지금도 알고리즘이 동시에 매도 주문을 내면 시장이 과대 하락할 것이라는 우려 섞인 목소리도 나오고 있다.

---

21 주식만 하더라도 미국, 유럽, 일본 등 선진국 주식과 브라질, 러시아 등 신흥국 주식이 있으며, 채권 또한 미국 국채부터, 하이일드채권, 물가연동체, 신흥국채권 등 여러 투자자산군이 존재한다. 더해 실물자산은 금, WTI, 리츠(REITs)까지 수많은 투자 영역에서 로보어드바이저가 자산배분을 시행하고 있다.

투자의 노하우 3
_펀드닥터 활용법

 성과와 위험지표를 확인하라

성과지표 보는 방법

'펀드닥터(www.funddoctor.co.kr)' 홈페이지를 활용하여 펀드를 분석하고 선택하는 방법을 알아보자. 펀드닥터는 누구나 볼 수 있는 사이트로 국내 펀드사이트 중 질 좋은 정보를 제공한다. 꼭 즐겨찾기 해두자.

펀드닥터에서 펀드를 검색한 뒤 성과 및 위험분석을 찾아 들어가면 처음 보이는 것이 펀드성과이다.

연도별성과   (2018.02.26, 단위 :%)

구분		2013년	2014년	2015년	2016년	2017년	2018년
펀드		19.83	6.47	12.18	1.47	19.28	-1.87
%순위		5	31	24	50	60	67
BM		-1.92	-7.72	5.27	0.89	17.95	-2.05
유형평균		9.82	4.54	9.66	1.22	19.33	-1.57
		18.01	6.12	11.4	1.56	19.12	-1.76
유형내	최고	20.67	17.35	21.1	9.94	28.85	9.23
	상위25%	13.78	7.31	12.18	4.55	22.04	-0.93
	상위50%	3.95	0.98	8.16	1.65	20.51	-1.54
	하위25%	1.9	-3.8	4.89	-2.43	18.06	-1.99
	최저	-6.75	-8.2	-7.32	-9.96	9.23	-3.34
	대상펀드수	104	113	195	206	256	338
KOSPI		0.72	-4.76	2.39	3.32	21.76	-0.65

출처: 펀드닥터, 신영밸류고배당 연도별성과

맨 위에 펀드의 수익률이 나타나 있다. % 순위는 전체 펀드를 100개로 구분한 뒤 그중에 몇 등을 했는지 순위로 나타내는 지표이다. 당연히 1등에 가까울수록 좋다. 앞의 펀드는 순위가 계속 뒤처지는 것을 볼 수 있다.

BM수익률은 펀드가 추종하는 표준수익률이며, 국내 주식형 펀드는 대부분 '코스피200 90%+CD수익률 10%'를 벤치마크로 활용한다. 10%를 CD로 두는 이유는 주식형펀드라도 운용사가 전액 다 주식으로 운용하지 않고, 일부분은 현금이나 유동성상품에 두기 때문이다. 대부분의 국내주식형펀드(액티브펀드)[22]는 벤치마크를 추종하면서 수익을 내야 하기 때문에 시가총액이 큰 삼성전자를 가장 많이 담고, 나머지 종목으로 수익을 내는 전략을 구사한다. 앞의 펀드는 2012년, 2013년에 벤치마크가 마이너스가 날 때에도 수익을 낼 정도로 운용을 잘했다고 볼 수 있다. 하지만 최근에는 벤치마크보다 떨어지는 모습을 보인다.

유형평균은 비슷한 종목에 투자되는 펀드들의 평균 수익률이다. 예를 들어 배당주펀드에 가입하고 싶은데 어떤 배당주펀드들이 좋은지 궁금하다면, 유형평균수익률보다 꾸준히 높은 펀드를 택하는 편이 좋다. 운용사수익률은 해당 자산운용사가 한 해 동안 운용한 전체 펀드의 수익률의 평균을 나타낸다.

---

[22] 펀드매니저가 직접 운용을 하는 펀드를 액티브펀드라고 하며, 펀드매니저 없이 인덱스(kospi200)에 투자되는 펀드를 패시브펀드라 한다. 액티브펀드가 패시브펀드보다 수수료가 높기 때문에 명목상 잘 운용해야 투자자들에게 미움을 털 빋는다.

- %순위: 낮을수록 좋음
- BM: 펀드수익률이 BM보다 높을수록 좋음
- 유형평균: 펀드수익률이 유형평균보다 높을수록 좋음
- 운용사: 펀드수익률이 운용사보다 높을수록 좋음
- KOSPI: 펀드수익률이 kospi보다 높을수록 좋음

위험지표 보는 방법

기간누적위험분석 (2018.02.26., 단위: %)

구분		3개월	6개월	1년	2년	3년	5년
표준편차(%)	표준편차(%)	14.47	11.39	10.28	9	10.54	10.17
	%순위	8	10	33	28	36	31
	유형평균	14.72	11.38	10.11	8.87	10.46	10.08
BM민감도(β)	BM민감도(β)	0.85	0.76	0.82	0.67	0.74	0.68
	%순위	45	63	69	46	48	39
	유형평균	0.84	0.74	0.8	0.67	0.74	0.7
트래킹에러(TE,%)	트래킹에러(TE,%)	8.23	7.35	6.4	6.87	7.07	7.38
	%순위	8	3	15	23	31	21
	유형평균	8.9	7.72	6.37	6.67	6.85	6.79
Sharpe Ratio	Sharpe Ratio	-0.49	0.11	1.29	0.85	0.61	0.77
	%순위	45	81	51	51	19	10
	유형평균	-0.52	0.24	1.35	0.9	0.56	0.57
젠센알파(%)	젠센알파(%)	4.91	0.23	3.28	2.9	4.07	7.89
	%순위	45	81	68	54	28	10
	유형평균	4.26	1.65	3.81	3.22	3.52	5.8
정보비율(IR)	정보비율(IR)	0.86	-0.01	0.17	0.08	0.46	1.07
	%순위	36	81	63	56	19	6
	유형평균	0.74	0.17	0.21	0.13	0.4	0.86

출처: 펀드닥터, 신영밸류고배당 기간누적 위험분석

펀드닥터에서 제공하는 위험지표는 총 6가지이다. 이 중에 3가지는 반드시 구분해서 알아두어야 한다.

① 표준편차: 위험에 대한 변동폭

표준편차는 펀드가 가지고 있는 '위험'이라고 생각하면 된다. 표준
편차가 크면 클수록 변동폭이 크기 때문에 표준편차가 낮은 펀드
를 선택하는 것이 좋다.

② 베타지수: 민감도

코스피지수가 10% 올랐는데 내 펀드가 10% 올랐으면 베타지수가
1이다. 즉, 시장과 펀드의 민감도가 같으면 1, 베타지수가 0.5이면
시장이 10% 올랐을 때 펀드가 5% 수익이 난 것이다.

민감도는 펀드의 운용을 판가름할 수 있는데, 만약 시장상황이 안
좋다면 베타지수는 낮은 것이 좋으며(방어적으로 운용하기 때문에) 반대
로 시장상황이 좋다면 베타지수는 높은 것이 좋다(공격적으로 운용하
여 적극적인 수익률을 낼 수 있기 때문에).

③ 샤프지수: 위험대비 수익률

-1~+1 범위를 가지고 있는 샤프지수는 위험 하나를 투입했을 때
나오는 수익률로 숫자가 높을수록 좋다.

④ 트레킹에러

지수추적오차로 펀드의 수익률이 지수수익률에 얼마나 차이를 보
이는지 확인해볼 수 있는 지표이다. 쉽게 펀드의 기간수익률과 벤
치마크 수익률의 차이라고 보면 된다.

⑤ 젠센알파

펀드의 수익률에서 적정수익률(기대수익률)을 뺀 가격을 나타낸다. 크면 클수록 기대수익률보다 내가 가지고 있는 펀드수익률이 더 좋다는 뜻이다.

⑥ 정보비율

펀드매니저의 투자활동 능력을 수치로 나타낸 지표이다. 높을수록 좋다.

펀드의 비용(수수료)을 고려하라

보험과 달리 펀드는 상품의 수수료 차이가 눈에 띄지 않아서 은행이든 증권사든 방문해서 가입하는 경우가 많다. 지점에서 가입하면 직원이 추천한 펀드를 선택하는데, 이런 펀드들은 또 비용이 비싼 펀드들이 대부분이다. 펀드 수수료가 1% 차이나는 건 그냥 넘어가도 괜찮을까?

'3.19%, 0.2%'

펀드닥터에서 투자비용으로 검색하면 국내주식형 펀드 317개 가운데 가장 높은 것과 낮은 것을 찾을 수 있다. 두 개의 비용 차이는 3.17%이다. 기준금리의 하락으로 시중은행에서 가입하는 정기예금의 금리가 보통 1.2~1.3% 정도 되니, 은행 금리의 2배 이상을 수수료로 내는 셈이다. 다시 생각해보면 펀드수수료 1~2% 차이는 은행에 가서 예금에 가입하여 1년 혹은 2년 이상을 기다려야 주는 금리인 셈이다. 그 기간을 펀드 하나에 가입해서 날려버리는 셈이다.

펀드수수료의 종류

펀드의 총비용은 판매사가 가져가는 판매수수료 및 보수와 자산운용사가 가져가는 운용보수가 대부분을 차지하며 사무, 수탁보수 등이 포함된다. 국내에서 판매되는 펀드를 수수료로 구분하면 크게 A클래스와 C클래스로 구분할 수 있다.

표1 펀드수수료별 특징

클래스	가입방식	특징
A Class	지점가입	선취판매수수료+낮은 판매보수
Ae Class	온라인	A Class에 비해 낮은 판매수수료 및 보수
Ag Class	지점가입	
C Class	지점가입	선취판매수수료 없음+높은 판매보수
Ce Class	온라인	C Class에 비해 낮은 판매보수
Cg Class	지점가입	
CDSC	C1,C2,C3 등	판매수수료 없음+높은 판매보수[23]
P Class	지점&온라인	Pension(연금)의 약자로 연금저축펀드 및 퇴직연금 전용 펀드
S Class	온라인	온라인이나 온라인펀드슈퍼마켓에서 가입 가능한 펀드
W Class	지점&온라인	Wrap(랩어카운트)의 약자로 일임형 종합자산관리계좌 투자 펀드

---

23 판매보수가 줄어든다는 장점은 있지만, 초기 비용부담이 큰 상품으로 오히려 다른 클래스 펀드보다 비쌀 수 있다.

한국밸류10년투자증권투자신탁 1(주식)종류A		한국밸류10년투자증권투자신탁 1(주식)(C)	
제로인 평가유형	일반주식	제로인 평가유형	일반주식
운용회사	한국투자밸류자산	운용회사	한국투자밸류자산
설정일	2016.09.02	설정일	2006.04.18
클래스 순자산액	0억	클래스 순자산액	7,969억
패밀리 운용규모	8,064억 (초대형급)	패밀리 운용규모	8,064억 (초대형급)
1년 투자비용률	2.50 (평균이상)	1년 투자비용률	1.80 (평균수준)
판매 수수료	투자금액 1.00% (선취)	판매 수수료	
신탁 보수율	1.504% (판매보수 0.7% 포함)	신탁 보수율	1.804% (판매보수 1.% 포함)

출처: 펀드닥터, 한국밸류10년투자증권 지점 가입용 비용

제로인 평가유형	일반주식	제로인 평가유형	일반주식
운용회사	한국투자밸류자산	운용회사	한국투자밸류자산
설정일	2016.09.09	설정일	2014.05.27
클래스 순자산액	0억	클래스 순자산액	30억
패밀리 운용규모	8,064억 (초대형급)	패밀리 운용규모	8,064억 (초대형급)
1년 투자비용률	1.65 (평균수준)	1년 투자비용률	1.30 (평균이하)
판매 수수료	투자금액 0.50% (선취)	판매 수수료	
신탁 보수율	1.154% (판매보수 0.35% 포함)	신탁 보수율	1.304% (판매보수 0.5% 포함)

출처: 펀드닥터, 한국밸류10년투자증권 온라인 가입용 비용

A Class VS C Class, 어떤 것을 선택해야 하나?

보통 장기투자할 경우에는 펀드의 잔고가 커지므로 여기서 발생하는 운용보수가 저렴한 A Class를 선택하는 편이 유리하다. 그 기간은 약 2년 정도로 구분되는데, 2년 미만으로 할 경우에는 C Class가 유리하다고 생각하면 된다.

'연금 상품, 지점에서 가입했는지, C Class인지 확인해보자.'

연금은 납입을 길게 하면서도, 수령도 긴 초장기 금융상품이다. 혹시 연금저축펀드[24]를 지점에서 가입했고 펀드수수료도 A Class인지 C Class인지 확인해 봐야 한다. 둘 중 하나라도 속한다면, 지금은 눈에 띄지 않는 차이겠지만 20~30년 후에는 큰 액수로 벌어질 수 있다.

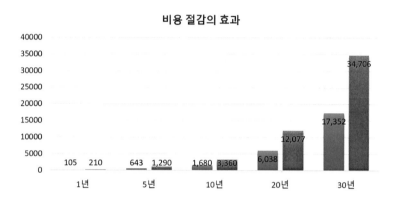

비용 절감의 효과

예를 들어 1억이라는 돈을 투자하고 연 수익률이 10% 났을 때, 펀드비용 1%와 2%의 차이를 생각해보자. 장기간 갈수록 그 투자비용이 커진다. 물론 미래의 수익이 어떻게 될지는 아무도 알 수 없다. 하지만 미리 정해진 비용은 줄일 수 있기 때문에 그 부분을 수익으로 확정시키고 투자를 시작할 필요가 있다.

2016년 펀드슈퍼마켓이라는 대형 온라인 펀드 판매사가 등장하면서 온라인 펀드 시장은 수수료 낮추기 대전에 돌입했다. Ae Class의

---

24 변액연금이나 유니버셜의 경우 보험사에서 정한 10~30개는 각각 다른 펀드로 펀드비용을 선택해서 가입하기 불가능하다. 연금저축펀드는 200개 정도에서 수수료만 다른 같은 펀드들이 있기 때문에 선택일 수 있다. 이 부분은 퇴직연금인 DC형이나, 개인용퇴직연금계좌인 IRP도 마찬가지이다.

선취판매수수료를 없애는 등 예전보다 판매 비용이 낮아졌다. 그렇다면 단기간 투자할 시에도 Ce Class보다는 Ae Class를 선택한다는 팁도 가져갈 수 있다.

펀드닥터를 활용한 펀드선택 및 비교

분기마다 날아오는 펀드운용보고서, 이건 도저히 봐도 모르겠다. 글씨도 작고 모르는 말로 가득하고 펀드매니저의 말은 외국어처럼 들린다. 사실 펀드운용보고서를 보는 일반인들을 본 적이 없다. 필자도 집으로 오는 보고서가 과연 펀드가입자들이 볼 수 있는 것인지에 대한 회의감이 들 정도이다. 그래도 가입한 펀드가 잘 하고 있는지, 못하고 있는지 확인해야 뭐라도 대책을 세울 수 있다. 이럴 때 쓰는 방법을 펀드닥터를 통해 알아본다.

펀드닥터 사용법 1. 비슷한 펀드들끼리 비교를 통해 알아본다

먼저 사이트에서 내가 가입한 펀드를 검색창에 입력하고 확인해보자. 펀드개요에 펀드수익률이 숫자와 그래프로 보이는 창을 볼 수 있다. 그럼 스크롤을 가장 아래로 내려서 '유사펀드'를 확인해보자. 20개 펀드들의 1년 수익률(성과)과 1년 표준편차(위험)를 확인할 수 있다.

유사펀드

(기준일: 2018.01.02., 단위: %)

No	펀드명	1년 수익률	1년 표준편차	유사성 종합점수
	신영마라톤증권투자신탁(주식)A	20.21	8.66	
1	베어링가치형증권자투자신탁(주식)ClassA	19.39	9.07	84.27
2	KB퇴직연금증권자투자신탁(주식)C	18.99	7.92	83.62
3	미래에셋3억만들기좋은기업증권투자신탁K- 1(주식)C 5	23.62	8.89	83.06
4	한국밸류10년투자소득공제증권투자신탁(주식)종류C	22.41	8.43	83.01
5	교보악사Neo가치주증권자투자신탁[주식]ClassA	25.25	9.11	82.91
6	트러스톤장기성장퇴직연금증권자투자신탁[주식]C클래스	24.24	9.4	82.61
7	한국밸류10년투자어린이증권투자신탁 1(주식)(A)	21.07	8.5	82.28
8	트러스톤칭기스칸증권투자신탁[주식]A클래스	23.5	9.68	82.19
9	트러스톤제갈공명증권투자신탁[주식]A	19.2	9.14	82.17
10	한국밸류10년투자밸런스증권투자신탁 1(주식)(A)	20.69	9.25	79.64
11	키움장기코어밸류증권투자신탁 1[주식]C-F	19.87	8.6	79.2
12	한국투자한국의힘증권투자신탁 1(주식)(A)	23.68	9.81	79.07
13	키움코리아에이스증권투자신탁 1[주식]A1	22.81	9.82	78.76
14	KB변액보험그로스증권투자신탁 1(주식)	29.46	9.73	78.55
15	미래에셋장기주택마련증권투자신탁 1(주식)종류C 5	22.12	9.11	78.43
16	하나UBS태극곤증권투자신탁[주식]ClassC	16.37	8.8	78.3
17	트러스톤밸류웨이증권투자신탁[주식]A클래스	10.86	8.85	78.2
18	신한BNPP Tops장기주택마련증권투자신탁 1(주식)(종류C)	23.11	10.04	78.16
19	미래에셋라이프사이클2030증권전환형자투자신탁 1(주식)종류C-P	22.62	9.28	78.14
20	하이행복만들기증권투자신탁 1[주식]C	26.87	9.23	77.83
	평균	21.7	9.11	

출처: 네이비금융(2018.03. 기준)

내 펀드가 다른 펀드들에 비해 수익률도 떨어지면서 표준편차도 높다면 그 펀드는 별로일 확률이 크다. 앞의 표에서 보면 수익률은 약 10~29%, 표준편차는 7.9~10까지의 범위를 보이고 있다. 그럼 신영마라톤펀드는 어떤가? 성과는 평균보다 비교적 낮지만, 위험도 평균보다 낮은 모습을 보이고 있다.

펀드닥터 사용법 2. 펀드선택, 여러 가지를 고려하여 결정하자

펀드를 가입하고자 할 때 몇 가지 고려 사항을 살펴보고 선택해야 한다.

① 운용 규모

신규 펀드가 많이 나오고, 자투리 펀드도 많은 우리나라의 펀드시 장에서는 어느 정도 규모가 되는 펀드를 선택하는 것이 좋다. 국내 외 주식형 펀드는 모두 최소한 1,000억 이상 되는 펀드 중에서 선택 하자.

② 제로인 등급

펀드닥터에서는 태극기 5개를 만점으로 등급을 나눈다. 국내외 펀 드 모두 최소한 4개 이상 되는 펀드를 선택하자.

③ 펀드 운용 기간

출시된 지 3년 이상 되지 않은 펀드들은 제로인 등급을 확인할 수 도 없으며, 해당 펀드의 과거 성과 및 위험도 확인하기 어렵다. 최 소 3년 이상 지난 펀드 중에서 고르자.

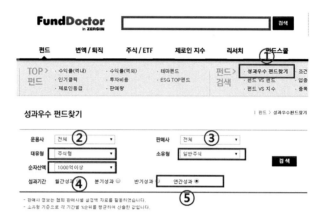

위의 그림처럼 홈페이지에서 성과우수 펀드 찾기로 들어가 선택된 항목에서 고르면 수많은 펀드 중에서 몇 개로 압축된다. 액티브펀드(펀드매니저가 운용하는 펀드)에서 괜찮은 펀드를 찾는 작업을 하고 있기 때문에 ETF(상장지수펀드)와 인덱스 펀드는 제외하자.

위와 같이 검색하면 국내주식형은 신영마라톤, 베어링고배당, 한국투자한국의힘 3가지 펀드로 압축된다.

┃ 펀드 기간수익률 비교

(기준일 : 2017.12.04, 단위 : 원, %)

구분		1주일	1개월	3개월	6개월	1년	3년	5년	연초후
신영마라톤(주식)A	수익률	-1.53	-1.11	1.96	1.35	23.56	34.45	58.40	17.68
	%순위	15	33	88	85	71	17	3	70
베어링고배당(주식)ClassA	수익률	-2.17	-1.83	2.21	3.82	22.29	32.05	73.91	18.09
	%순위	50	47	68	57	57	14	10	55
한국투자한국의힘 1(주식)(A)	수익률	-2.50	-3.47	4.41	3.77	27.40	27.00	17.80	23.31
	%순위	53	89	66	60	41	41	68	28

PART

02

INVESTMENT

금융상품사용설명서

ETP의 두 형제,
ETF와 ETN의 차이점과 주의사항

요즘 금융상품은 이름도 어렵고 다양하고 복잡하다. 이제야 ELS(주가연계증권)를 듣고 알았는데, ETP·ETF·ETN이라는 상품이 있단다. 더욱이 이런 상품이 뜨고 있는데 나만 모르는 것 같아 소외감도 느껴진다. 이제부터 알아보고 구분하여 투자해보자. ELS보다 오히려 더 쉽다.

비슷한 두 형제, ETF와 ETN

ETP(상장지수상품)는 크게 상장지수펀드(ETF)와 상장지수채권(ETN), 그리고 상장지수증서(ETC)로 구분된다. ETP라는 상품군에 ETF와 ETN 등이 들어가 있는 셈이다. 이 중에 ETF의 성장세가 유독 눈에 띈다. 현재(2017.11. 기준) ETF의 순자산은 30조 원을 넘어섰고 이는 지난해(25조 1,018억 원)보다 약 21% 증가한 수치이다. 이미 ETF 시장 규모는 국내 주식형 공모 펀드 시장을 추월했다. 이유는 단순하다. 거래하기 쉽고 수수료가 펀드보다 저렴하기 때문이다. ETF는 '주식+펀드+지수'로 구성된 상품이다. 주식의 기능을 가지고 있는 펀드로 개별 종목이

몇몇 개 들어간 것이 아닌 모든 종목으로 지수화시킨 인덱스펀드인 셈이다. 세계 4대 투자의 거장 존 보글도 이런 말을 했다.

"모든 주식을 소유하라."

ETN도 마찬가지로 '주식+채권+지수'로 구성된 상품이다. 채권이냐 펀드냐의 차이인 셈이다. 채권이라고 해서 안전하다는 인식과는 거리가 멀다. 국내외 주식과 원자재, 투자전략, 채권까지 모든 상품군의 기초지수로 하여 투자되며 이는 ETF와 동일하다. 그럼 둘은 무슨 차이가 있는 것인가?

표1 ETF VS ETN

구분	ETF(Exchange Traded Fund)	ETN(Exchange Traded Note)
정의	① 자산운용사가 ② 자산운용을 통하여 ③ 지수수익률을 추적하는 ④ 만기가 없는 집합투자증권(펀드)	① 증권회사가 ② 자기신용으로 ③ 지수 수익률을 보장하는 ④ 만기가 있는 파생결합증권
주체	자산운용사	증권회사
신용위험	없음(신탁재산으로 보관)	있음
구성종목수	10종목 이상(주식형 ETF의 경우)	5종목 이상(주식형 ETN의 경우)
자산운용제한	있음(운용 제약)	없음(운용 재량)

출처: 한국거래소(KRX)

두 상품의 차이는 신용위험과 자산운용 제한에 따라 나뉜다. ETN은 ELS와 마찬가지로 증권사의 신용도를 바탕으로 발행되기 때문에 증권사가 파산할 경우 투자한 금액을 한 푼도 돌려받지 못할 위험이 있다. 그래서 ETN은 이름 한 번 들어봤던 대형 증권사만 발행하도록 (신용위험이 없을 만한) 허용했다. 두 번째는 자산운용의 차이인데 ETF의 경우 기초지수에 자산을 편입하여 신탁기관인 예탁결제원에 보관되어 자산의 실질적인 운용 수익이 투자자에게 돌아가는 반면,[25] ETN은 증권회사가 재량적으로 자산을 운용해 기초지수 수익을 투자자에게 지급하기로 약속하는 상품[26]이다. 하지만 두 상품의 큰 차이는 정말 별로 없다. 그냥 쌍둥이 같은 상품이라고 보면 된다. 그럼 ETF가 먼저 나왔는데, 비슷하게 생긴 동생은 왜 출시되었을까? ETN은 ETF의 후발주자로 비슷한 상품군을 가지고 나왔다면 경쟁력 없는 것은 불 보듯 뻔하다. 그래서 ETF에서 없는 생소한 투자군·투자전략을 잡고 상품이 출시되었다. ETF가 직구라면 ETN은 변화구라는 뜻이다.

투자 시 주의할 점은

우리나라 ETF 시장이 커지는 것은 분명하나 아직 글로벌 ETF 시장의 선두주자인 미국에 비하면 새 발의 피다. 미국의 ETF 시장규모는 3조 달러(우리나라 돈으로 약 3,200조 원)로 우리나라보다 100배 이상 크다. 문제는 여기에 있다. 주식은 언제든지 매수매도할 수 있는 신속성과 유동성이 있다. 그러나 ETF를 잘못 고를 경우 거래가 원활하지 않아 내가 원하는 금액 때에 사거나 팔 수 없다. 거래량이 없기 때문이다.

---

25 일반주식거래를 하거나 공모펀드 등을 투자할 때와 비슷한 개념
26 펀드나 ETF에 존재하는 추적오차(포트폴리오 구성종목의 가격변동과 벤치마크의 가격변동 간 의도
    차이 없는 차이)가 ETN은 없다

종목명	현재가	전일비	등락률	NAV	3개월 수익률	거래량	거래대금 (백만)	시가총액(억)
파워 중기국고채	100,335	▼5	0.00%	100,307	0.19%	0	0	60
ARIRANG 바벨 채권	110,450	0	0.00%	110,462	-0.29%	0	0	133
ARIRANG 단기유동성	107,835	▲5	0.00%	107,837	0.48%	0	0	554
파워 단기채	103,650	▲5	0.00%	103,651	0.47%	0	0	663
KODEX 미국달러 선물인버스	11,035	▲10	0.09%	11,053	0.09%	0	0	55
TIGER MSCI KOREA ESG리더스	9,125	▼25	-0.27%	9,119	N/A	0	0	99
KINDEX 중기국고채	104,580	▲85	0.08%	104,438	0.11%	1	0	220
TREX 펀더멘탈 200	32,355	▼525	-1.60%	32,344	-1.78%	1	0	81
흥국 S&P코리아로우볼	11,670	▼210	-1.77%	11,711	1.11%	2	0	175
KODEX 골드선물 인버스(H)	9,735	▲20	0.21%	N/A	-1.37%	4	0	49
마이티 코스피100	23,875	▼275	-1.14%	23,783	-4.13%	5	0	96
KBSTAR 단기국공채 액티브	100,380	0	0.00%	100,389	0.52%	5	0	1,472
KBSTAR 중장기국공채 액티브	98,945	▲35	0.04%	98,885	-0.13%	5	0	1,044
KBSTAR 200건설	10,100	▼230	-2.23%	10,092	N/A	5	0	71
KBSTAR 200경기 소비재	9,640	▼205	-2.08%	9,636	N/A	6	0	67

출처: 네이버 금융(2018.03. 기준)

네이버에서 ETF를 검색하면 모든 ETF의 거래량과 거래대금, 시가
총액을 찾아볼 수 있다. 국내 ETF 중 거래가 잘 되는 것은 약 50개
내외다. 그 외에는 거래가 잘 되지 않거나 투자된 금액이 적다는 뜻
이다. 이 경우 거래의 문제점이 생길 수 있다. 물론 큰 자금을 운용하
지 않은 개인이 거래하는 데 큰 문제는 없을 것이다. 그래도 최소 하루
에 6~7억 이상 거래되는 것을 골라라. 우선 문제는 피하고 봐야 한다.

하이일드채권에 대한 단상

INVESTMENT

하이일드(High Yield) 채권이란?

채권은 주식보다 안전하지만, 예금보다 약간 높은 수익을 안겨주는 투자 상품으로 알려져 있다. 여기에 더해 하이일드 채권이 주식보다 안전하지만 예금보다 많은 수익을 안겨주는 투자 상품으로 알고 있다면 이건 잘못 알려진 것이다.

하이일드의 정의는 수익률은 높은 반면 신용등급이 낮아 위험에 그대로 노출된 고수익, 고위험 투자 상품이다.

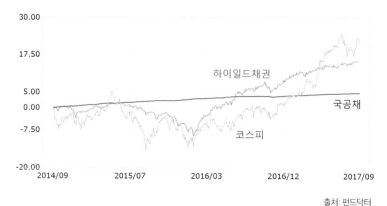

출처: 펀드닥터

하이일드 채권과 코스피지수 그리고 국공채의 수익률 추이를 나타낸 그림이다. 하이일드 채권의 수익률 추이를 살펴보면 국공채(채권)보다는 코스피(주식) 추이와 비슷한 걸 확인할 수 있다.

안전하지 않은 하이일드 채권

망망대해 속 안개가 낀 곳에서도 안전한 곳을 찾아 떠나는 심리는 투자 시장에서도 마찬가지다.

일반적으로 채권에 투자할 때 손실이 발생하는 원인은 2가지이다.

1. 채권을 발행한 회사가 만기 전에 파산한 경우
2. 금리 상승으로 인해 채권 가격이 하락한 경우

하이일드는 1번에서 위험이 발생할 요지가 크며, 2번에서는 오히려 일반 채권과 달리 기회 요인이 존재한다. 1번부터 확인해보자.

회사의 신용은 국제 신용평가 회사에서 발표하는 등급에 따라 달리한다.

Moody's	S&P	Fitch	
Aaa	AAA	AAA	
Aa1	AA+	AA+	
Aa2	AA	AA	
Aa3	AA-	AA-	
A1	A+	A+	투자등급
A2	A	A	
A3	A-	A-	
Baa1	BBB+	BBB+	
Baa2	BBB	BBB	
Baa3	BBB-	BBB-	
Ba1	BB+	BB+	
Ba2	BB	BB	
Ba3	BB-	BB-	
B1	B+	B+	
B2	B	B	
B3	B-	B-	투기등급
Caa1	CCC+	CCC+	
Caa2	CCC	CCC	
Caa3	CCC-	CCC-	
Ca	CC	CC+	
	C	CC	
		CC-	
D	D	DDD	

출처: 펀드닥터, 신용평가 회사별 신용평가 등급

특히, 하이일드 채권에 포함된 기업들은 투자등급보다 투기등급에 위치한 기업들이 많다. 개인도 신용등급이 낮으면 높은 이자를 감당하면서 대출을 받는 것처럼, 신용등급이 낮은 회사도 자금을 조달하기 위해 발행하는 채권의 경우 쿠폰(이자)이 높아야 투자자들에게 이목을 끌 수 있다. 이런 기업들은 경제 위기 시 제때 원리금을 갚지 못하여 파산할 가능성이 높다.

> 1981년부터 2015년까지 투기등급 회사의 연평균 부도율은 4.1%인데 비해, 투자등급 회사의 연평균 부도율은 0.1%이다.
>
> -2015 Annual Global Corporate Default Study And Rating Transitions

자료에 따르면 4.1%의 부도율은 그리 높지 않은 수치이지만, 투자등급 회사의 부도율 0.1%와 비교하면 40배나 높다. 실제로 상담하면서 느낀 건 채권에 투자하는 사람들은 원금 손실 생각을 많이 하지는 않는다는 것이다. 특히, 하이일드 채권을 일반 채권처럼 이해하는 사람이 많다는 것이 문제이다. 하이일드 채권은 'Junk Bond'이다. 한마디로 '쓰레기 채권'이라는 뜻이다.[27]

2007 2008

2007	2008
EM 39.8%	HG Bnd 5.2%
Int'l Stk 11.6%	Cash 1.4%
AA 7.6%	AA -22.4%
HG Bnd 7.0%	HY Bnd -26.4%
Lg Cap 5.5%	Sm Cap -33.8%
Cash 4.4%	Lg Cap -37.0%
HY Bnd 2.2%	REIT -37.7%
Sm Cap -1.6%	Int'l Stk -43.1%
REIT -15.7%	EM -53.2%

Abbr.	Asset Class – Index	Annual	Best	Worst
Lg Cap	Large Caps Stocks – S&P 500 Index	9.73%	32.4%	-37.0%
Sm Cap	Small Cap Stocks – Russell 2000 Index	10.86%	47.3%	-33.8%
Int'l Stk	International Developed Stocks – MSCI EAFE Index	8.76%	39.2%	-43.1%
EM	Emerging Market Stocks – MSCI Emerging Markets Index	12.65%	79.0%	-53.2%
REIT	REITs – FTSE NAREIT All Equity Index	11.20%	37.1%	-37.7%
HG Bnd	High Grade Bonds – Barclay's U.S. Aggregate Bond Index	4.21%	7.84%	-2.0%
HY Bnd	High Yield Bonds – BofAML US High Yield Master II Index	9.24%	57.5%	-26.4%
Cash	Cash – 3 Month Treasury Bill Rate	1.15%	4.7%	0.0%
AA	Asset Allocation Portfolio*	8.73%	25.9%	-22.4%

출처: novelinvestor.com/asset-class-returns/

미국 금융위기 때 하이일드 채권의 수익률이다. 신용등급이 높은 채권의 경우 5.2%의 준수한 수익률을 기록했지만, 하이일드는

---

27 하이일드 채권을 판매하는 금융기관에서 정크본드라고 이름을 바꿔 팔면 판매 증감률이 얼마나 달라질까 궁금하기도 하다.

-26.4%의 뼈저린 손실을 기록했다. 이만큼 경제 위기가 발생하면 손실이 크게 날 수 있다는 '위험한 채권'이라는 인식을 가지고 있어야 한다.

금리 인상 시 투자기회를 찾을 수도?

지금까지 지구촌이 미국 금리 인상에 벌벌 떠는 모습을 보이고 있는가?

이제 2번을 살펴보자. 채권은 금리가 인상하면 채권 가격이 떨어지는 구조로 되어 있다. 그것도 만기가 길수록 수익률의 폭은 크다. 하지만 하이일드 채권의 경우 상대적으로 만기가 짧고(=금리 변동에 둔감), 쿠폰(이자)이 높아서 금리 인상기에 투자할 만한 대상으로 홍보되고 있다. 미국이 장기 정책금리를 하향 조정하긴 했으나, 금리 인상기인 것은 분명한 사실이니 이에 대해서 점검해보자.

금리 인상은 하이일드 채권 투자에 긍정적인 요소와 부정적인 요소 둘 다 제공한다.

먼저 위와 같이 결론내고 싶다. 풀어보자면 그 의미는 다음과 같다.

- 긍정적인 요소: 금리 인상은 경제가 회복 단계 진입을 확인하고, 자산 시장(주식, 채권, 부동산 등)의 버블을 막고자 위기 때 시중에 풀어놓은 유동성(=돈)을 거둬들이는 역할을 수행한다. 즉, 경제

가 좋아지면 기업의 수익은 커지고, 재무상태가 호전되어 투기등급에 있는 기업들의 부도율이 떨어진다.

- 부정적인 요소: 반대로 금리 상승이 오히려 저금리 때의 부채를 고금리 부채로 차환하면서 기업의 현금 흐름에 악순환을 가져올 가능성이 생긴다. 특히, 시장금리 상승 속도가 투기등급 기업의 영업환경 개선 속도보다 빠르면, 금리 인상은 오히려 독약이 될 수 있다.

하이일드 채권 투자, 투자 지표를 확인하고 들어가자

경제지표는 투자의 지침서가 될 수 있다.

'하이일드 채권 투자에 대한 단상'은 '항상 변동성이 큰 주식형펀드와도 같다'를 말하기 위해 쓴 것이다. 투자 상품을 선택할 때에는 위험성이 있다는 것을 인지하고, 지금이 적절한 투자시점인지 확인하고 들어가는 것이 좋다. 하이일드 채권의 투자시점을 확인하기 좋은 지표가 있다.

BofA Merrill Lynch US High Yield Option-Adjusted Spread.
- 하이일드 스프레드

하이일드 스프레드는 동일한 만기의 국채와 하이일드 채권의 수익률 차이를 뜻한다. 해당 스프레드가 하락할수록 국채와의 수익률 격차가 줄어들면서 하이일드 채권의 가치가 상승한다.

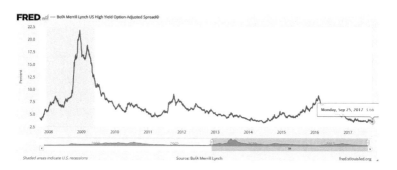

현재 하이일드 스프레드를 살펴보면 3.66으로 2009년 이래 최저치 3.35에 근접해 있다. 하이일드 채권의 가치가 많은 올랐다는 의미이고 추가적으로 올라가도 그 여력이 많지 않을 가능성이 있다는 뜻으로 볼 수 있다. 만일 보유 중이라면 비중을 축소하면서 수익을 실현하거나, 신규로 가입할 경우라면 일시납이 아닌 월납으로 스프레드 추이를 확인하면서 대응하는 투자방법이 현명하다.

연금저축, 혜택의 차이를 구분하라

우리나라의 노후소득 보장을 위한 연금 체계는 3단계로 구분한다. 1단계는 최소한의 노후생활 수준을 보장하기 위해 의무적으로 가입해야 하는 국민연금이 있다. 2단계는 근로자를 대상으로 하는 퇴직연금이 있다. 직장에 다니는 순간 의무적으로 가입하게 되어 강제성이 있는 점이 국민연금하고 비슷하다. 최근에 자영업자와 공무원의 노후생활 수준을 높이기 위해 개인이 임의로 퇴직연금에 가입할 수 있게 개정된 것도 알아두어야 한다. 마지막 3단계는 개인이 임의로 가입할 수 있는 개인연금이 있다.

국민의 노후를 국가가 전적으로 맡아서 보장하기에는 아직 제도적으로나 재원적으로 부족한 것이 맞다. 평균 소득을 현재 가치로 환산한 금액 대비 연금 지급액을 소득대체율이라 하며, 평균적인 노후생활을 위한 소득대체율을 65~70% 정도로 보고 있다. 20~30%는 국민연금으로, 10~20%는 퇴직연금으로 준비하고 나머지 부족한 것은 개인연금으로 채워야 한다. 개인연금의 종류는 다양하지만, 본론에서는 시중에서 많이 가입하고 있는 세제적격연금에 대해 다뤄보겠다.

금융상품 중 가장 수익률이 높은 연금저축?

앞서 말한 것처럼 부족한 소득대체율을 메우기 위해 개인연금 가입을 유도한 국가의 세제정책들이 있다. 세제적격상품에 가입할 경우에는 세액공제 혜택을, 세제비적격상품에 가입할 경우에는 비과세 혜택이 주는 것이 그렇다. 먼저 세제적격상품은 시중에서는 '연금저축'이라 불린다. 연금저축은 금융사별로 상품 구조가 다르지만 세제혜택은 동일하다.

과세표준	세율 (주민세 포함)	세법개정 전 (400만 원×세율)	세법개정 후 세금 감세액	정기적금 (1년 1.5%)	환급금 은행대비 수익률
1,200만 원 이하	6.6%	264,000			
1,200만 원 초과 ~4,600만 원 이하	16.5%	660,000	528,000~ 666,000	32.565	약 16~20배
4,600만 원 초과 ~8,800만 원 이하	26.4%	1,056,000			
8,800만 원 초과	38.5%	1,540,000			

2014년 소득세법 개정으로 과거 연금저축의 소득공제가 세액공제로 일괄 변경되었다. 종합소득 금액이 4,000만 원 이하 또는 근로소득만 있는 경우 총 급여액이 5,500만 원 이하의 거주자에 대해서는 주민세 포함 16.5%인 최대 666,000원까지 세액공제를 해주고, 그 이상인 자들에게는 528,000원까지 세액공제 혜택이 주어진다. 연 400만 원 한도로 연금저축에 납입하면 현재 정기적금에 가입하는 것보

다 이자 수익이 20배나 차이를 보인다. 이렇게 따지면 금융상품 중 가장 수익률이 높다 할 수 있다. 그럼 무조건 가입해야 할까? 가입하기 전에 3가지만 알고 해보자.

연금저축은 반드시 연금으로 써야 한다

연금저축은 납입기간 중 세제혜택을 제공하고, 운용기간 중 발생하는 이자와 배당에 대해 따로 과세하지 않으며, 연금수령 시 연금 소득세로 이연 과세하는 체계를 따르고 있다. 다시 말해 연금저축의 혜택을 잘 누리기 위해서는 중간에 해지하거나 꺼내 쓰지 말고 연금으로 받으라는 말이다. 만약 연금 외로 수령하게 된다면 16.5%의 세금을 물어야 한다. 혜택받은 것을 다 토해내라는 뜻이다. 그러나 자세히 보면 혜택보다 더 많이 토해내는 것과 같다. 먼저 종합소득 금액이 4,000만 원을 초과하거나, 근로소득으로 총 급여액이 5,500만 원을 초과하는 경우 연금저축으로 받는 세액공제가 13.2%이다. 해지 시 3.3%(16.5~13.2%)를 더 토해내게 된다. 그뿐만 아니라 연금저축의 세액공제는 납입하는 원금에 대해서 적용하지만, 연금 외로 수령하게 되면 원리금(원금+이자)에 대해 16.5%를 물게 되므로 정말 혜택보다 더 큰 불이익이 주어지게 된다. 그래서 연금저축은 연금으로만 받을 때 아름다울 수 있다.

소득공제 항목이 많거나
소득이 적어 산출 세액이 적은 경우에 꼼꼼히 따져야

종합소득세를 계산하는 방법을 간단히 살펴보자. 근로소득이나 사업소득 등으로 종합소득 금액이 나오면 여기에 각종 소득공제를 하고 나온 것을 종합소득과세표준이라고 한다. 앞의 표에서 볼 수 있듯 과세표준에 구간별로 세율을 곱하고 나면 산출 세액이 결정된다. 이 산출 세액에 연금저축의 세액공제가 적용된다. 꼼꼼히 따져봐야 할 것은 여기부터다. 먼저 소득공제를 많이 적용받는 사람이다. 예를 들어 인적공제·특별소득공제·연금보험료공제 등 여러 소득공제 항목 합계액이 해당 과세기간의 합산 과세되는 종합소득 산출세액을 초과하는 경우, 그 초과하는 금액은 없는 것으로 한다. 쉽게 말하면 초과하는 금액을 한도로 연금저축계좌의 세액공제를 받지 못하는 것이다. 또 하나 살펴볼 경우가 종합소득세 산출 세액이 적은 경우이다. 예를 들어 저소득층의 경우 소득공제 이후 과세표준에 따른 세율 자체가 낮아서 산출 세액이 적게 나온다. 만약 10만 원의 산출 세액이 결정되고 연금저축의 연 납입 한도인 400만 원을 불입했을 경우, 666,000원이 아닌 10만 원까지만 환급받을 수 있다. 이 경우 세제 혜택을 덜 받았지만, 연금수령 시 연금 소득세(5.5~3.3%, 나이에 따라 차등)를 그대로 부과한다는 상대적인 불이익이 생길 수 있다. 물론 세액공제를 받지 못한 금액에 대해서는 연금 소득세가 과세되지 않는 현행법이 있지만, 이를 실제 입증해야 하기 때문에 노년에 이 또한 큰 숙제로 남을 수 있다.

고소득자들의 연금저축 혜택은 계속 줄어든다

2014년 소득세법 개정 전에는 연금저축의 세제혜택은 소득공제였다. 많게는 납입한 금액의 38.5%까지 환급받았다. 그러나 과세형평과 소득 불균형 해소의 목적으로 세액공제로 개정되면서 고소득자들의 연금저축 환급액이 많게는 100만 원가량 줄어들었다. 해지할 경우 불이익이 크기 때문에 아직 유지하고 있는 경우도 대다수다. 그러나 고령사회 진입을 앞둔 대한민국의 상황을 예상해볼 때 고소득자들의 연금저축 동기부여는 계속 축소될 전망이다. 2017년 개정 세법만 살펴봐도 그렇다. 소득세법 59의 3에 따르면 총 급여 1억 2천만원 또는 종합소득 금액 1억 원 초과자의 경우 연금저축 공제 한도를 기존 400만 원에서 300만 원으로 조정했다. 이 경우 400만 원 한도에서 환급받는 금액이 528,000원인 데 반해, 300만 원으로 조정되면 396,000원으로 132,000원의 혜택이 줄어들게 된다.

연금저축과 비과세 연금, 어떤 것이 유리한가?

개인연금상품을 무엇으로 가입할지 고민하고 나면 머리가 아파진다. 금융회사별로 다양한 개인연금상품을 판매하는데, 이 중에서 어떤 게 좋은지 고민하면서 머리가 아프고, 골랐다고 하더라도 '비과세냐 연말정산시 세액공제냐'에서 또 한 번 머리가 아파진다. 재무설계사 입장에서 본 필자 또한 머리가 아팠다. 왜냐하면 따져야 할 것이 한두 개가 아니기 때문이다. 그래서 결정을 내렸다.

'세액공제와 비과세의 혜택 차이로서만 구분을 하자.'

계산기를 열심히 두드리며 나온 결과가 바로 다음에 보이는 표에 있다.

						월 334,000원씩 120개월 납입(10년)		
①	②	③	(③-②)× 0.154=④	③×1.155= ⑤	5,280,000-⑤ =⑥	6,600,000-⑤ =⑦	⑥-④	⑦-④
수익률	원금	원리금 (원금+이자)	비과세 혜택	연금 소득세 (5.5%)	세액공제 (13.2%)	세액공제 (16.5%)	비과세 VS 세액공제 (13.2%) 차이	비과세 VS 세액공제 (16.5%) 차이
2%		44,121,400	622,376	2,426,677	2,853,323	4,173,323	2,230,947	3,550,947
5%	40,080,000	50,183,500	1,555,939	2,760,093	2,519,908	3,839,908	963,969	2,283,969
8%		56,245,600	2,489,502	3,093,508	2,186,492	3,506,492	-303,010	1,016,990
12%		64,328,400	3,734,254	3,538,062	1,741,938	3,061,938	-1,992,316	-672,316

월 334,000원씩 납입한 것은 연금저축 세액공제의 한도가 1년에 400만 원이기 때문이다. 원 단위, 십 원 단위로 하면 어려울 것 같아 대략적으로 맞췄다. 비과세 상품은 당연히 이자나 배당이 나와야 혜택을 보기 때문에 수익률①로 구분을 해놨고, 연금저축은 나중에 연금수령 시 연금 소득세 5.5%⑤[28]를 원천징수하니 만기금액③에서 일시에 차감하는 것으로 계산의 편리성을 더했다. 그럼 10년 동안 받은 세액공제의 혜택(5,280,000원 또는 6,600,000원)과 수익률①에서 연금 소득세⑤를 차감한 것이 연금저축의 최종 혜택⑥, ⑦이며, 비과세 상품은 수익률에 따른 비과세 혜택④이 최종 혜택이 된다.

그럼 위의 그림대로 단순한 혜택으로 계산했을 때, 세액공제를 받는 연금저축(펀드)과 비과세를 받는 연금보험(변액) 중 어느 것이 유리할까?[29]

---

28 연금상품의 비교를 위해 몇 가지 가정을 제시한다. 연금소득세는 3.3~5.5%의 차등차감이지만, 계산식의 편리성을 위해 단순히 원리금에서 5.5%를 한 번에 뗀다고 가정한다.

29 연금저축에 펀드, 원금 납입에 비애이고 기적할 경우 나타내니 공시이율 부험이 경우 인애시 제시한 높은 수익률이 절대 나오지 않는 상품이기 때문이다.

1. 세액공제를 528,000원 받는 사람(총 급여가 5,500만 원을 초과하는 근로자와 종합소득 금액 4,000만 원을 초과하는 사람) 중 연금 운용 시 8% 이상의 높은 수익률을 원할 경우: 비과세 상품 유리
2. 세액공제를 660,000원 받는 사람(총 급여가 5,500만 원 이하의 근로자와 종합소득 금액 4,000만 원 이하인 사람): 일단 연금저축을 먼저 고려. 12% 이상의 수익률이 나오지 않는 이상 연금저축이 유리

전반적으로 연금저축이 유리하다. 다만, 연금저축의 세액공제는 향후 세법 개정으로 인해 변경될 수 있다는 점도 알아두자. 비과세 상품은 가입시점에서의 세법을 적용하나, 연금저축은 세법이 개정되면 세액공제의 한도나 세율, 연금 소득세 등이 변경되어 왔다는 점을 기억하면 된다. 앞의 표를 바탕으로 몇 가지를 가정하면 비과세 상품과 세액공제상품에서 무엇이 유리한지도 추론할 수 있다.

3. 산출 세액이 너무 적거나, 다른 공제로 인해 추가적으로 세금 환급이 어려운 경우: 비과세가 유리('연금저축의 주의사항'에서 언급한 부분)
4. 안정적인 수익률을 원하는 사람: 연금저축이 유리(세액공제라도 받으므로)
5. 높은 수익률을 위해 공격적인 운용을 원하는 사람: 수익률이 많이 나면 비과세가 유리하지만, 마이너스가 나거나 연평균 수익률이 8% 이상 나오지 않을 경우 연금저축이 유리할 수도 있음
6. 연금 운용기간에 따른 분류: 정확한 계산은 해봐야 하지만, 우선적으로 연금 운용기간이 짧을 경우 누적되는 이자나 배당이 많지 않기 때문에 연금저축이 유리할 수 있음. 반대로 연금 운용기간이 길 경우에는 비과세가 유리할 수도 있음

개인연금의 종류,
그중 가입을 한 번 망설여야 하는 상품은?

국민연금, 퇴직연금, 개인연금을 3층 연금이라고 부른다. 국민연금과 퇴직연금은 직장에 다닌다면 의무가입이지만, 개인연금은 직장에 다니든 사업을 하든 누구나 임의로 가입할 수 있는 금융상품이다. 국민들이 스스로 노후를 준비한다면 국가 입장에서는 어떨까? 아마도 세금으로 들어갈 돈을 개개인이 대신 마련하는 것이기에 국가 입장에서는 감사해야 할 일이다. 그래서 개인연금에 가입하면 감사의 표현으로 다른 상품에는 없는 세제혜택을 준다.

그림1 세제혜택별로 본 개인연금의 종류

개인연금은 크게 두 종류로 나뉘는데 이자나 배당소득세를 과세하지 않는 세제비적격상품과 납입기간 중 연 400만 원 한도로 세액공제 혜택을 주는 세제적격상품이다.

혜택은 다르지만 비슷한 구조의 상품들

앞의 그림을 보면 공시이율 저축보험은 연금저축보험과 100% 같은 상품구조를 가지고 있다. 단지 세금혜택만 다를 뿐이다. 또한 변액연금과 변액유니버셜보험, 연금저축펀드도 비슷한 구조로 되어 있다.

표1 변액연금보험 VS 변액유니버셜보험 VS 연금저축펀드

	변액연금보험	변액유니버셜보험	연금저축펀드
세금혜택	비과세(이자&배당)	비과세(이자&배당)	세액공제(원금400만)
펀드의 개수	10개 내외	10~30개	100개 내외
운용전략	안정적(혼합형비율높음)	공격적(주식형비율높음)	임의적(자율분배가능)
중도인출	가능	가능	불가능
원금보장	연금개시 전 원금보장	불가능	불가능

셋 다 모두 펀드에 투자되는 상품으로 시장 상황에 따라 언제든 펀드변경을 할 수 있는 기능이 있다. 비과세 상품 중에서 좀 더 안정성을 택한다면 변액연금을, 수익성을 생각한다면 변액유니버셜보험을 선택하는 것이 바람직하다. 연금저축신탁은 은행에서 판매되는 상품으로 적금 정도의 수익률로 낮아 신규 판매가 중지되었다. 연금저축 상품끼리는 금융사별 이동이 자유로운 반면에 비과세 연금끼리는 상품별, 회사별 이동이 불가능하기 때문에 처음 선택 시 신중을 기해야 한다.

저성장 저금리 시대, 이 상품은 망설여야 한다

눈부신 경제 성장을 이룩한 우리나라는 국내총생산(GDP) 순위로 세계 11위권에 이르렀다. 선진국 문턱까지 온 것이다. 과거 고성장 시기에는 자금의 공급(저축)보다는 수요(대출→투자)가 많을 시기였고, 소득의 증가로 인한 소비 증가의 선순환 구조로 고물가, 고금리 시대를 열었다. 하지만 저성장 시기에는 기업들이 대출하여 투자하기보다는 사내 보유를 통해 자금을 축적하고, 소득의 둔화로 인해 소비도 정체에 빠지는 저물가, 저금리 시대를 동반한다. 선진국 경제의 특징이라 할 수 있다. 결국 경제성장의 패러다임이 바뀐 것이다. 하지만, 아직도 고금리 시대의 저축 방법을 그대로 활용하는 경우가 많다. 이것은 어떤 문제를 동반하는가?

표2 공시이율 저축(연금)보험의 적립률 예시(2017. 11. 기준)

경과년도	최저보증이율	공시이율 2.50%
1년	58.50%	58.80%
2년	75.80%	76.20%
3년	82.10%	82.80%
4년	85.70%	86.70%
5년	88.30%	89.40%
6년	89.90%	91.70%
7년	91.20%	93.60%
8년	92.10%	95.20%
9년	93%	96.70%
10년	93.90%	98.10%
15년	97.20%	106.70%
20년	101.50%	120.00%

최저보증이율: 5년 이내 연복리 2.0%, 10년 이내 연복리 1.5%, 10년 초과 연복리 1.0%[30]

---

30 최근에 판매되는 저축(연금)보험의 최저보증이율이 10년을 초과할 시 0.5%로 제로금리 가까이 떨어진다. 이는 향후 저성장이 고착되다 대한민국에서 금융회사들이 장기금리를 낮게 책정하여 부담을 줄이려는 태도로 읽으면 된다.

앞의 표는 시중금리와 연동된 공시이율저축(연금) 보험상품의 적립률을 나타내고 있다. 해당 상품의 특징은 2가지 이율을 적용시키는데 우선 금리가 지속적으로 낮아지는 것을 방지하기 위한 최저보증이율, 시중금리와 연동되어 매월 바뀌는 공시이율로 구분된다. 공시이율로 변경 없이 운용될 경우 원금회복기간까지 약 12년 정도가 소요되며, 최저보증이율로 운용될 경우에는 약 18년 정도가 소요된다. 문제는 여기에 있다. 상품의 비용(수수료, 사업비)은 그대로인데, 금리 하락으로 인해 적립률이 떨어지면 원금까지 10년 이상을 기다려야 된다는 것이다. 특히 연금 목적으로 가입할 경우 물가 상승률도 따라가지 못하는 상품으로 장기간 유지 시 오히려 손해가 커지게 된다. 연금은 눈에 보이는 원금보다 실질구매력이 더 중요하기 때문이다. 향후 경제가 다시 고성장 궤도에 올라 지속된다면 모를까, 현실은 저출산, 고령화로 인해 경제의 잠재 체력마저 소진되는 와중에 앞으로는 일본처럼 제로금리에 가까운 금융정책을 펼칠 수도 있다. 결국 개인연금이라고 아무거나 가입해서는 안 되는 이유가 있는 것이다. 당신이 짜장면 한 그릇을 살 수 있는 돈을 연금에 부었는데, 훗날 그 돈으로 짜장라면밖에 살 수 없다면 당신이 가입한 연금은 화폐가치를 보존시킬 수 없는 금융상품인 것이다.

변액보험

골칫덩어리가 될 것인가, 황금돼지가 될 것인가?

말도 많고 탈도 많은 변액보험은 언제부터인가 금융시장에서 한 축으로 성장했다. 2001년 본격적으로 판매되기 시작해서 지금은 자산운용규모가 100조가 넘었으니, 국민들의 노후도 일부분 담당할 것으로 생각된다(2017.08. 기준, 국민연금 누적 적립기금 603조). 하지만 누군가는 '변액보험, 이 녀석 때문에 속이 시커멓게 타들어갔고, 빨리 원금이라도 건지면 해약해야겠다'는 생각만 하고 있을지도 모른다. 과연 변액보험은 골칫덩이로 전락할 것인가, 아니면 나중에 황금돼지가 되어 줄 것인가?

사업비를 감춘 찬란한 수익률, 이후 초라한 성적표

우선 변액보험의 정의부터 알아보자. 변액(變額)은 말 그대로 '금액이 변한다'라는 뜻이다. 가입자가 납입한 보험료 중 '일부'를 주식이나 채권 등에 투자하여 그 운용 실적에 따라 적립금이 변하는 실적 배당형 상품이다. 기존에 은행 금리보다 조금 높은 공시이율 상품과는 전혀 다른 상품이다. 그런데 왜 '일부'일까? 사실 여기서 모든 문제가 시작된다.

그림1 보험료의 구성

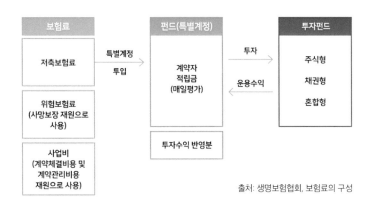

출처: 생명보험협회, 보험료의 구성

우리가 내는 보험료 중 '일부'는 저축 보험료이며, 나머지는 위험 보험료와 부가 보험료(사업비 등)로 구성된다. 여기서 사업비는 상황에 따라 제각각이지만 보통 월 보험료의 10~15% 정도이다.[31] 사업비는 7년 혹은 10년이 지나면 절반 가까이 줄어들긴 하지만, 결국 그 기간 전에 수익률이 나오지 않는다면, 원금은 고사하고 마이너스가 날 확률이 높다. 예를 들어, 10년 미만의 사업비가 15%, 매년 4%의 수익률을 가정하면 가입 후 10년이 경과해야 원금이 도래한다. 그래서 변액보험에 가입할 때에는 상품의 비용과 향후 운용 전략에 따른 수익률을 감안하고 선택해야 한다. 그러나 우리는 알고 있다. 가입할 때에는 사

---

31 변액보험의 사업비는 보험회사별, 상품별(변액연금, 변액유니버셜, 변액종신 등), 판매채널(온라인, 방카, 대면)마다 다르다. 여기에서는 과거부터 현재까지 많이 판매되어 온 대면채널의 변액연금(유니버셜)상품을 기준으로 잡는다.

업비 얘기는 쏙 빼고, 상품설명서에 수익률이 제일 높은 부분을 강조하면서 장밋빛 미래를 그리는 판매자의 감언이설. 지금은 상품설명서에 수익률이 마이너스가 날 경우의 적립금을 명시하도록 되어 있지만, 예전에는 8%의 높은 수익률이 명시되어 있었다. 8%, 지금 생각해도 얼마나 달콤한 유혹이었던가. 물론 높은 수익률이 나올 때도 있었지만, 변액보험 가입자가 느낀 것은 8%와는 거리가 멀었다.

그림2 코스피 차트로 본 변액보험의 흥망성쇠

2001년부터 최근까지의 코스피지수

① 코스피 상승기: 1997년 외환위기, 2003년 신용카드 사태를 거치며, 코스피는 중국 성장을 발판으로 처음으로 2,000포인트를 찍는다. 변액보험 수익률도 높아 원금회복까지 오래 걸리지 않았으며, 이 당시 사업비는 높은 수익률에 가려 크게 부각되지 않았다. 오히려 수익이 더 크게 발생하여 생기게 될 비과세만을 강조하며 판매됐다.

② 두 번의 금융위기: 2008년 미국발 금융위기, 2011년 유럽발 재정위기는 가입자에게 고통을 안겨준 해이다. 그동안 올려왔던

수익률은 모두 반납한 채, 투자는 위험하다는 인식을 일반인들에게 각인시켜 준 해이다. 이후에 펀드와 변액보험의 가입률은 뚝 떨어진다.

③ 5년 간의 박스권: 2012년부터 2016년까지 코스피는 장기 박스권에 갇혀 수익을 내기 쉽지 않았다. 주가지수가 크게 떨어진 적은 없었지만, 사업비를 제외하고 투자되는 변액보험은 지속적인 마이너스로 가입자들의 원망을 샀다.

인터넷만 검색해도 변액보험 가입문의에 이를 뜯어말리는 네티즌들의 댓글과 원금도 회복 못한 변액보험의 면면을 밝힌 기사들로 넘쳐난다. 다른 금융상품과 달리 유독 뭇매를 맞고 있는 변액보험은 초라하기 그지없다.

골칫덩어리, 황금돼지로 바꾸는 비법

지금까지만 보면 골칫덩어리가 맞다. 하지만 시중에 출시된 개인연금상품 중에 우리가 선택할 대안은 많지가 않다. 세제 적격용 연금저축과 세제 비적격용 연금보험이 전부이다. 대한민국 경제가 과거처럼 고성장하여 금리도 높다면 상관은 없지만, 그렇지 않기 때문에 저금리를 대비한 노후대비용은 투자형 상품밖에 없다는 결론이 나온다. 그럼 연금저축펀드와 변액보험으로 압축된다. 이 둘을 비교하여 선택하는 것은 이후에 언급하기로 하고, 여기서는 변액보험을 활용하여 황금돼지로 만드는 비법을 알아본다.

첫째, 사업비는 무조건 줄이자. 수익률이야 하늘도 모르는 것이고,

우선은 비용부터 줄이는 것이 최우선이다. 먼저 고려할 사항은 다음과 같다.

- 사업비는 계약한 월 보험료에서 발생한다.
- 추가납입은 보험회사별로 상이하지만, 보통은 월 보험료의 2배까지 가능하다.
- 현재 세법에서는 월 보험료의 150만 원까지 비과세로 인정한다.

예를 들어, 150만 원을 변액보험에 가입하고자 한다면 150만 원의 15%인 22만 5,000원이 사업비로 빠져나가게 된다. 그래서 처음 가입할 때 50만 원만 가입하고(사업비 7만 5,000원), 100만 원을 추가납입한다. 사업비는 1/3으로 줄어들게 되고, 매년 4% 수익률 가정 시, 원금이 아닌 이자 11.4%가 덤으로 붙게 된다. 물론 추가납입 수수료가 없어야 가능한 얘기이다(현재 보험회사 별로 상이하지만, 추가납입 수수료가 붙지 않는 회사도 있으며 1% 내외의 수수료만 떼는 회사도 여러 곳이기 때문에 반드시 확인해야 한다).

둘째, 10년만 하려면 펀드로 하라. 변액보험은 펀드보다 펀드 수수료가 저렴하다. 그래서 10년만 유지한다면 펀드보다 우수하다고 한다. 누가 그런 소리를 하던가? 변액보험은 높은 사업비로 인해 펀드와는 총 비용 측면에서 비교가 되지 않는다. 비교가 되려면 최소 15년에서 20년은 있어야 한다. 10년만 하려면 펀드를 가입하는 것이 맞는 말이다. 최근에는 펀드슈퍼마켓에서 수수료를 줄인 S클래스가 나와 있으며, 증권사들도 너나 할 것 없이 온라인 펀드의 선취수수료를 없애는 등의 경쟁을 하고 있다. 추가납입을 하여 사업비를 줄인 뒤,

20년 이상 유지할 때 펀드보다 우위에 설 수 있게 된다.

셋째, 납입 만기 됐다고 또 가입하는 금물을 범하지 말자. 노후 대비하는 사람의 특징 중 하나는 연금 납기가 만기가 되었다고 또 가입하는 것이다. 연금이 여러 개 있으면 노후가 든든해지는 것처럼 생각해서는 안 된다. 오히려 금융회사만 든든해지는 것이다. 특히, 변액보험은 7년(혹은 10년)이 지나면 월 기본 보험료에서 차감하는 사업비가 절반 가까이 줄어들게 된다. 만약 10년 납 변액연금에 가입했는데 10년이 경과되었다면, 또 가입하지 말고 지속적으로 불입하여 빛을 보도록 하자. 사과 씨앗을 심어 7년을 기다려 열매를 맛보았는데, 그 나무는 버리고 또 씨앗을 심을 필요는 없지 않은가. 잘 키운 변액보험, 지속적으로 물을 주어 키우는 것이 수고를 더는 일이다.

변액보험 선택의 기준, 이것을 명심하라

그럼 아무 변액보험이나 황금돼지로 바뀔 수 있을까? 개인적인 생각이지만 황금돼지로 바뀔 변액보험은 국내에서 몇 개 없다고 생각된다. 이유는 펀드에 있다.

첫 번째, 펀드 구성요인의 문제다. 외국에 나가보면 판매되는 변액보험에는 수많은 펀드가 다양하게 편입되어 있다. 정작 저성장 시대에 돌입한 우리나라의 주요 변액보험은 국내에만 투자하라고 구성되어 있는 듯 보인다.

표1 S 생명보험의 변액연금 펀드 라인업

펀드명	펀드 유형
업종대표알파형	국내 주식형(업종)
업종대표주식형	국내 주식형(업종)
그로스주식형	국내 주식형
단기채권형	국내 채권형
더블유인덱스주식형	해외주식형(인덱스)
배당주주식형	국내 주식형(배당)
삼성그룹주식형	국내 주식형(업종)
인덱스주식형	국내 주식형(인덱스)
일반주식형	국내 주식형
채권형	국내 채권형

출처: 생명보험협회 공시실

　위의 표를 보면 10개의 펀드 중 해외에 투자할 수 있는 펀드는 하나 밖에 없다. 나머지 9개는 국내 주식형펀드 혹은 채권형 펀드로 구성되어 있다. 장기간 유지해야 하는 변액보험의 특성상 국내 위주의 투자는 해외투자의 기회요인을 놓쳐버릴 수 있게 된다. 두 번째, 향후 몇 년간 금리 상승으로 인해 수익을 갉아먹을 채권형, 혼합형 펀드의 비중이 높다는 것이다.

표2 변액보험 펀드 유형별 순자산액 (단위: 억 원)

펀드유형		'17.6월 말	비중
국내투자		**910,545**	**89.1**
	주식형	214,675	21.0
	주식혼합형	223,778	21.9
	채권형	247,681	24.2
	채권혼합형	157,391	15.4
	기타	67,020	6.6
해외투자		**76,877**	**7.5**
	주식형	43,032	4.2
	주식혼합형	9,005	0.9
	채권형	15,044	1.5
	채권혼합형	2,884	0.3
	부동산형	57	0.0
	커머더티형	873	0.1
	기타	5,983	0.6
국내외투자		**34,257**	**3.4**
	주식형	852	0.1
	주식혼합형	23,689	2.3
	채권형	115	0.0
	채권혼합형	6,966	0.7
	부동산형	169	0.0
	커머더티형	142	0.0
	기타	2,324	0.2
총합계		**1,021,679**	**100.0**

출처: 생명보험협회 공시실, 2017년 2분기 기준

표를 보면 국내외 할 것 없이 편입된 채권과 혼합형의 총 자산 규모는 전체의 68%로 채권 수익률 하락에 그대로 직격탄을 맞을 가능성이 높다. 미국을 비롯한 주요 나라가 저금리를 종식하고 금리 인상기에 접어든 만큼 변액보험 수익률에 만전을 기해야 한다. 그럼 앞의 사항을 염두에 두고 변액보험 선택의 기준과 주의할 사항에 대해 알아보자.

1. 변액의 핵심은 펀드다. 해외펀드 비중이 높은 변액보험을 선택하고, 각각의 펀드를 운용하는 자산운용사를 살펴보자. 겹치는 곳이 많은가? 대형 보험회사들은 자회사의 자산운용사를 가지고 있는 경우가 많다. 변액보험에 편입된 펀드가 해당 보험사의 자회사인 자산운용사로 너무 몰아주는지 아닌지를 살펴볼 필요가 있다.

2. 사업비를 확인하라. 동일한 조건이라면 적은 쪽이 유리하다. 사업비에서 큰 항목을 차지하는 것은 '신 계약비'이며, 이는 대면채널에서 가장 큰 비중을 가지고 있다. 따라서 최근 온라인을 중심으로 사업비를 크게 낮춘 변액보험들이 출시되었으니 우선적으로 검토하는 것이 좋다.

3. 그래도 보험설계사에게 가입한다면 다음과 같은 질문을 통해 확인하라. 변액을 관리해준다는 말은 나중에 민원 사유에 해당하지 않는다. 가입만 시키고 관리해주지 않는다면 이보다 더한 나쁜 것은 없다. 관리만 잘 해준다면 황금돼지로서 커갈 가능성이 높다.

- 펀드투자상담사나 펀드투자권유대행인 등 라이선스를 보유하고 있으신가요?
- 지난 몇 년간 다른 고객의 변액을 관리한 증거나 노하우를 알려 주세요.
- 최근 시장에서 어떤 펀드가 좋은가요?

4. 변액종신, 변액CI는 저축성이 아닌 보장성이다. 혹, 목돈 마련이나 연금 재원을 목적으로 가입했는데 종신이나 CI라는 상품명이 적혀 있다면, 잘못 가입한 것이다. 보장성 상품은 보험료의 구성 중 대부분이 위험 보험료로 차감되기 때문에 적립되는 것이 거의 없다. 반드시 확인하고 가입해야 큰 손해를 막을 수 있다.

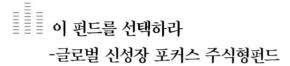

이 펀드를 선택하라
-글로벌 신성장 포커스 주식형펀드

4차 산업 전방위에 걸친 투자 펀드

트렌드에 맞게 몇 개의 변액보험에도 4차 산업 관련 펀드가 출시되어 있다. 그중에서 괜찮은 4차 산업 펀드를 소개한다.

글로벌 신성장 포커스 주식형펀드

펀드 특징: 전 세계의 신성장 산업 관련 기업의 주식 또는 이러한 주식을 주된 투자대상으로 하는 펀드에 집중적으로 투자함으로써 장기적인 수익을 추구합니다. 프로세스 개선, 기술 혁신 및 새로운 테크놀로지 개발 등을 바탕으로 장기 구조적 성장 가능성이 보이는 산업(예를 들면, 4차 산업 등) 관련 종목에 투자합니다.

투자대상 펀드는 총 6개로 피델리티 글로벌테크놀로지를 제외하면 미국 ETF에 투자되고 있다. 피델리티 글로벌테크놀로지는 앞에서 알아봤으니, 나머지 5개 ETF에 대해 알아보도록 하자.

First Trust Nasdaq Cybersecurity ETF

As of 6/30/17

» Portfolio Information

Number Of Holdings	30
Maximum Market Cap.	$156.50 Billion
Median Market Cap.	$3.41 Billion
Minimum Market Cap.	$380 Million
Price/Book	3.82
Price/Cash Flow	23.58
Price/Sales	2.78

» Top Holdings (%)

Palo Alto Networks, Inc.	6.82
Akamai Technologies, Inc.	6.38
Cisco Systems, Inc.	6.00
Juniper Networks, Inc.	5.74
Symantec Corporation	5.63
Barracuda Networks, Inc.	3.18
Trend Micro Incorporated	3.09
Varonis Systems, Inc.	3.09
CyberArk Software, Ltd.	3.08
FireEye, Inc.	3.07

» Top Industry Exposure (%)

Software	48.52
Communications Equipment	23.17
Internet Software & Services	9.02
Aerospace & Defense	7.49
IT Services	5.80
Electronic Equipment, Instruments & Components	3.03
Professional Services	2.97

First Trust Cloud Computing ETF

» Portfolio Information

Number Of Holdings	30
Maximum Market Cap.	$750.90 Billion
Median Market Cap.	$33.73 Billion
Minimum Market Cap.	$3.13 Billion
Price/Earnings	25.15
Price/Book	3.81
Price/Cash Flow	19.32
Price/Sales	3.43

» Top Holdings (%)

Oracle Corporation	5.00
Teradata Corporation	4.89
Red Hat, Inc.	4.84
Akamai Technologies, Inc.	4.78
Zynga, Inc.	4.68
Facebook, Inc.	4.51
Cisco Systems, Inc.	4.49
F5 Networks, Inc.	4.49
NetApp, Inc.	4.47
Amazon.com, Inc.	4.40

» Top Industry Exposure (%)

Software	40.22
Internet Software & Services	14.75
Communications Equipment	14.41
Technology Hardware, Storage & Peripherals	9.08
IT Services	8.60
Internet & Direct Marketing Retail	8.54
Equity Real Estate Investment Trusts (REITs)	4.40

출처: First Trust 홈페이지

먼저 First Trust의 ETF부터 보자. 두 개의 ETF 모두 소프트웨어와 인터넷 서비스, 통신장비 기업에 주로 투자하고 있다. 두 펀드 모두 S&P Composite 1500 Information Technology Index를 벤치마크로 삼고 있으며 펀드가 설정된 직후부터 해당 인덱스를 잘 따라왔다. Nasdaq Cybersecurity ETF는 아직 설정된 지 얼마 되지 않아 좀 더 지켜봐야겠으나, Cloud Computing ETF는 2011년도에 출시되어 연평균 14.75%의 준수한 성적을 냈다. 같은 시기 벤치마크는 16.62%로 좀 더 낫긴 했다.

» 3-Year Statistics

	Standard Deviation (%)	Alpha	Beta	Sharpe Ratio	Correlation
SKYY	14.09	2.85	1.16	0.96	0.85
S&P Composite 1500 Information Technology Index	14.15	4.21	1.19	1.07	0.87
S&P 500 Index	10.35	—	1.00	0.89	1.00

출처: First Trust 홈페이지

Cloud Computing ETF의 알파와 베타를 보면, 알파에서 차이를 많이 보이고 있다. 알파는 쉽게 말하면 운용 전략의 역량으로 보면 되고, 베타는 시장의 움직임에 얼마나 비슷하게 따라오느냐의 수익률이다. 종목 선정에 있어서 좀 더 분발이 필요해 보인다.

출처: iShares 홈페이지

    ETF 브랜드인 iShares는 블랙록자산운용사가 만든 것으로 미국 내
에서도 가장 많은 수의 ETF와 자금을 운용하고 있다. 먼저 iShares
Automation&Robotics ETF는 출시된 지 1년 정도라 장기 수익률을
체크할 수 없지만, iShares PHLX Semiconductor ETF와 iShares
Exponential Tech ETF까지 3가지의 ETF는 미국 내 기술주들의 자
금 유입에 더불어 최근 1년간 수익률이 급상승했다. 그중 iShares
Exponential Tech ETF의 수익률이 좀 더 안정적으로 오른 모습을
보이고 있다.

ETF의 구성

1. iShares Automation&Robotics ETF: 정보기술에 70%, 산업에 30% 투자된다. 나라별로는 미국에 30%, 일본에 25%, 대만에 15%로 미국에 치중되어 있지 않은 ETF다.

2. iShares PHLX Semiconductor ETF: 90% 이상이 반도체와 관련 업종에 투자되는 ETF다. 그래서 변동성이 좀 있는 편이다. 인텔, 퀄컴, 엔비디아, 텍사스인스트루먼트 등 미국 내 기업이 ETF 내 85% 정도를 차지하고 있다.

3. iShares Exponential Tech ETF: 해당 ETF는 골고루 투자되는데 우선 헬스케어와 테크놀로지가 각각 30%로 가장 많고, 산업재와 통신서비스가 그 뒤를 잇고 있다. 주로 미국(61%)과 유럽(30%)에 투자되는 ETF이다.

해당 변액보험 내 펀드들은 재간접 형식으로 한 펀드에 여러 가지 펀드 및 ETF가 편입되어 있다. 특히 차별성 있는 건 미국 ETF를 선택한 점이다. 국내 ETF 시장이 점점 커지고는 있으나, 미국에 비교할 바가 아니고, 향후 투자의 기회와 선택에 있어서 다양한 기회요인을 제공한다는 점에서 새롭고, 신선하고, 기대된다. 특히 다양한 곳에 투자되기에 전방위에 걸친 4차 산업 펀드라고 말할 수 있다. 장기간 유지해야 하는 변액보험 특성상 신성장 포커스 펀드는 비중을 갖고 투자할 수 있어야 한다.

변액보험 내에 편입된 펀드에 대해 명심할 부분도 있다. 변액보험은 그 특성상 장기목적자금이나 노후대비용으로 가입하는 경우가 대다수라 한 번 가입하면 초장기로 운용되는 성격이 짙은 상품이다. 그렇기 때문에 해당 보험회사에서 제시하는 변액보험 내 편입된 펀드에 대한 정보 '접근성'을 살펴봐야 한다. 몇몇 보험회사의 변액보험은 편입된 펀드의 정보를 찾기가 매우 어렵거나 제한된 정보만을 공개한 경우가 많다. 우리가 투자하는 펀드의 정보를 보지 못한다면, 무엇을 믿고 미래를 위해 투자할 수 있을까? 투자하는 변액보험 펀드의 표준편차, 민감도, 투자종목과 지역, 벤치마크대비 수익률 등을 언제든지 찾아볼 수 있는 곳을 선택하는 것이 바람직하다.

이 상품을 주목하라
-펀드의 구성요소와 누적수익률 모두 정상급

메트라이프는 1868년에 설립된 미국에서 가장 큰 생명보험사이다. 흔히 알고 있는 스누피(Snoopy) 캐릭터를 로고로 하여 친근감 있게 다가오는 회사로 변액보험에 강점이 있는 회사이다.

메트라이프 펀드 분석
펀드의 개수는 다른 회사의 변액보험보다 많다고, 혹은 적다고 할 수 없을 만큼 딱 중간이다. 하지만 구성은 대차게 알차다.

펀드유형	운용회사(투자일임계약)
채권형	신한BNP파리바자산운용 주식회사
가치주식형	베어링자산운용 주식회사, 신영자산운용 주식회사, 한국투자밸류자산운용 주식회사
성장주식형	이스트스프링자산운용 주식회사, 한국투자신탁운용 주식회사, 마이다스에셋자산운용 주식회사, KTB자산운용 주식회사, KB자산운용 주식회사
미국주식형	베어링자산운용 주식회사
글로벌주식형	슈로더투자신탁운용 주식회사
인덱스주식형	삼성자산운용 주식회사
아시아주식형	슈로더투자신탁운용 주식회사
유럽주식형	슈로더투자신탁운용 주식회사
브릭스주식형	슈로더투자신탁운용 주식회사
글로벌채권형	프랭클린템플턴투신운용 주식회사
골드투자형	도이치자산운용 주식회사
글로벌 고배당 주식형	도이치자산운용 주식회사
글로벌 하이일드 채권형	하나UBS자산운용 주식회사
글로벌 멀티인컴	프랭클린템플턴투신운용 주식회사
MMF형	신한BNP파리바자산운용 주식회사
배당주식형	베어링자산운용 주식회사

출처: 메트라이프생명 공시실

국내 6개, 해외 10개로 해외펀드 비중이 높으며 채권과 원자재를 포함, 각 나라별로 잘 분산된 펀드를 가지고 있다. 자산운용사 또한 겹치는 곳이 많지 않게끔 설정되어 있다. 참고로 메트라이프는 자사의 자산운용사를 가지고 있지 않아 조금 더 객관적으로 펀드를 운용한다고 볼 수도 있다. 운용사의 면면을 들여다보면 왜 메트라이프가 선택을 잘했는지 알 수 있다. 먼저 가치 주식형펀드. 이미 신영마라톤과 한국밸류 10년으로 가치주 펀드의 대명사로 일컫는 두 회사가 해당 펀드를 운용하고 있다. 배당 주식형에서는 베어링 고배당이라는 펀드로 배당주 펀드를 잘 운용하기로 손꼽히는 회사를 선택했고, 유럽도 슈로더유로라는 펀드를 운용하는 회사를 선택했다. 각 분야별로 잘 운용하는 회사를 선택했다는 점에서 괜찮은 점수를 주고 싶다.

포트폴리오에서 제외할 만한 펀드

▶ 기간(누적)수익률 (단위 : %)

구분	최근 3개월	최근 6개월	최근 9개월	최근 12개월
글로벌 고배당 주식형	3.02	6.72	9.86	12.79
(비교지수 대비 성과)	(-0.08)	(-1.85)	(-0.73)	(-3.37)
비교지수(벤치마크)	3.11	8.57	10.59	16.15

주) 비교지수(벤치마크) : Dow Jones global Select Divided Composite Index 90.0%, CALL 10.0%
※ 위 투자실적은 과거 성과를 나타낼 뿐 미래의 운용성과를 보장하는 것은 아닙니다.

구분	최근 1년	최근 2년	최근 3년	최근 5년
글로벌 고배당 주식형	12.79	9.43	2.76	-
(비교지수 대비 성과)	(-3.37)	(-6.02)	(-6.04)	-
비교지수(벤치마크)	16.15	15.46	8.81	-

주) 비교지수(벤치마크) : Dow Jones global Select Divided Composite Index 90.0%, CALL 10.0%
※ 위 투자실적은 과거 성과를 나타낼 뿐 미래의 운용성과를 보장하는 것은 아닙니다.

출처: 메트라이프생명 공시실

글로벌 고배당 주식형의 경우 포트폴리오에서 제외하자. 선진국의 고배당 주식으로 구성되어 있으나, 펀드가 편입되고 그 이후부터는 벤치마크를 항상 하회했다.

글로벌 채권은 철저히 신흥국 채권이다

▶ 국가별 투자비중 (단위 : %)

순위	국가명	비중	순위	국가명	비중
1	멕시코	22.17	6	아르헨티나	4.66
2	브라질	15.01	7	콜롬비아	4.13
3	대한민국	14.21	8	우크라이나	1.88
4	인도네시아	10.81	9	가나	1.70
5	인도	7.65	10	기타	17.88

출처: 메트라이프생명 공시실

글로벌 채권형은 선진국 채권이 아닌 신흥국 채권 포트폴리오를 가지고 있다. 그것도 금리가 상당히 높은 멕시코와 브라질의 남미 포트폴리오로 구성되어 있다. 두 나라의 기준금리 추이는 상반되어 있다.

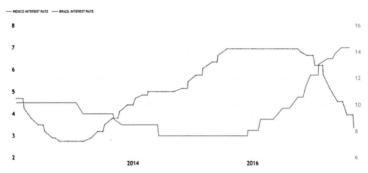

출처: tradingeconomics.com, 파란색(왼쪽): 멕시코 기준금리, 회색(오른쪽): 브라질 기준금리

멕시코 경제는 미국 경제에 의존하고 있고, 브라질의 경우 원자재 추이를 지켜봐야 한다. 특히 채권 투자의 경우 각국 중앙은행(특히 미국)의 정책 스탠스 방향을 지켜봐야 한다. 양적 긴축을 시사하는지 양적완화를 시사하는지, 채권의 운명은 거기에 달려 있다.

글로벌 주식은 절반이 미국 주식형펀드이다

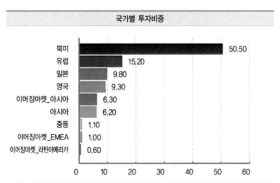

출처: 메트라이프생명 공시실

글로벌 주식의 국가별 투자 비중이다. 북미에 50%, 유럽 및 일본에 약 35% 투자되는 선진국 주식형 펀드이다. 미국에 절반 정도 편입되어 있기 때문에 미국 펀드와 함께 포트폴리오를 구성하는 오류를 범하지 말자. 둘 중 하나만 선택하는 것이 좋겠다.

차이나 펀드가 없다고? 아시아 펀드와 브릭스펀드가 대신해준다

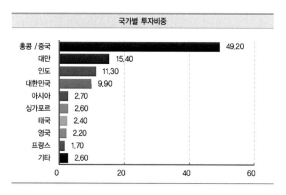

출처: 메트라이프생명 공시실, 아시아 주식형 펀드

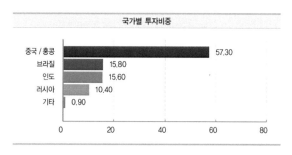

출처: 메트라이프생명 공시실, 브릭스 주식형펀드

메트라이프의 펀드 라인업을 보면 다른 변액보험과 달리 차이나 펀드가 빠졌다. 국내 해외펀드 가입자 중 절반 이상은 차이나 펀드를 투자한다. 우리나라 경제에 미치는 영향이 큰 것도 있지만, 대부분 증권사나 은행을 가보면 크게 걸려 있는 포스터가 거의 중국펀드이기 때문이다. 그만큼 중국의 기회요인이 많다는 증거일까? 아무튼 아쉬운 중국 투자는 아시아 주식형펀드와 브릭스 주식형펀드로 대체하자. 아시아 주식형펀드는 중국기업에 투자되는 비중이 절반 정도 되며, 나머지 아시아 국가 중 성장을 한 나라(대만, 싱가포르, 대한민국)에 투자되고 있다. 베트남이나 태국, 말레이시아 같은 동남아시아권에 투자되는 것이 거의 없는 게 아쉽다. 브릭스펀드는 우리가 알고 있는 것처럼 중국, 브라질, 인도, 러시아에 투자되고 있다. 중국은 제조업과 수출을 기반으로 성장했고 지금은 서비스와 소비로 턴하려고 하는 과도기에 있다. 러시아와 브라질은 원자재 가격이 높아져야 경제가 살아나며 반대로 인도는 원자재 가격이 높아지면 부담을 느끼는 나라이다. 브릭스(BRICs)는 경제의 구조가 비슷한 것이 아니라, 그냥 땅이 넓고 인구가 많다는 점에서 묶었기 때문에 이제부터라도 투자에 신중하자.

전반적으로 펀드의 구성은 괜찮고, 운용도 다른 변액보험 펀드보다 잘 하고 있다. 특히, 골드펀드는 다른 변액보험에는 없는 장점을 지닌다. 주식과의 상관관계에 있어 마이너스를 보이고 있기 때문에 전반적인 자산배분에 용이하다는 점을 들 수 있다. 아쉬운 점은 펀드 이름에서 어디에 투자하는지를 정확히 알기가 어렵고, 신규 펀드가 지속적으로 편입되지 않는다는 점이다. 특히 삼성아세안펀드처럼 미래 발전 가능성이 높은 동남아시아권에 투자하는 펀드나 4차산업 관련 펀드, 중국만 투자되는 펀드까지만 편입한다면 더 좋은 변액보험으로 거듭나지 않을까라는 생각이 든다.

앞서 언급한 두 개의 변액보험은 대면채널에서 변액보험 경쟁력을 가진 회사를 예시로 들었다. 온라인채널에서 떠오르는 변액보험과 펀드들의 분석은 레버리치 홈페이지와 블로그에 지속적으로 업데이트를 할 예정이다.[32]

---

32 레버리치 홈페이지 주소: www.reverniche.com, 블로그 주소: blog.naver.com/healingtp

INVESTMENT

ELS의 성공투자

ELS의 해부학자가 되다

금리가 낮아지면서 예금에 대한 메리트가 줄어들고, 주식 등 위험자산에 대한 리스크는 그대로인 상황에서 새로운 투자에 대한 갈망은 커져만 갔다. ELS는 이러한 기대를 업고 성장해왔다. 그러나 복잡한 구조로 되어 있는 상품은 '설마 손실(낙인, Knock-In)이 발생하겠어?'라며 넘어가는 사람들이 많다. 이 때문에 높은 수익률과 단기 투자할 수 있는 상품으로 인식되어 투자되어 왔다.

ELS 상품에 대한 오해와 그 대가

ELS에 가입한 일반인들과 상담을 하다 보면, 그 위험의 정도는 깊어진다. 여러 가지 금융상품에 대한 오해는 있지만, ELS는 특히나 위험성이 큰 상품이므로 자칫 잘못하면 큰 손해로 연결되기 때문이다.

> **ELS 상품에 대한 오해**
>
> 1. 3개월, 6개월의 단기 투자할 수 있는 상품: 조기 상환조건을 투자만기라고 생각하는 경우가 많다.
>
> 2. 원금이 손실 날 경우는 희박하다는 상품: 고위험 상품임에도 원금손실 구간이 도달하려면 금융위기에 상응하는 충격이 와야 한다는 생각을 가진 사람이 많다.
>
> 3. 결국 은행예금처럼 안전하면서 수익률이 높은 상품으로 인식한다.

ELS의 기초지수 중 약 70%에 해당된 홍콩H지수(HSCEI)가 2015년 6월부터 급락하더니 2016년 2월까지 약 50% 빠지는 일이 발생했다. 그에 대한 대가는 상당했고, 그 당시 사회적으로도 이슈가 큰 사건이었다.

홍콩H ELS 하루 만에 4,500억 손실

- 매일경제 2016.1.21.

홍콩H지수 폭락에 ELS 4조 원금손실구간 진입

- 동아일보 2016.2.12.

기초자산이 일정 부분 하락하면 원금손실구간이 있는 ELS의 특성상 홍콩H지수의 폭락은 누군가에게는 공포와 좌절로 느껴졌겠지만, 투자하는 사람에게는 오히려 저가 매수의 기회일 수 있다. 예를 들어 코스피지수가 2,000포인트인데 원금손실구간이 50%라고 해보자. 1,000포인트로 원금손실구간이 발생했으면, 그때 발행된 ELS는 다시

한 번 50%(500포인트) 빠져야 원금손실이 발생된다. 하지만 그럴 가능성은 현저히 낮으며, 반대로 저가 매수의 투자기회가 될 수 있다. 하지만, 폭락 이후 발행된 ELS에는 기초지수로 홍콩H지수가 편입되어 나오지 않았다.[33] 단순히 '위험하다'는 것이다. 결국 상품의 구조와 특징을 이해했으면 투자를 하는 사람도, 투자를 관리하는 사람도, 판매를 하는 사람도 모두 다 윈-윈(Win-Win) 할 수 있었던 것을 놓친 셈이다.

ELS 해부학개론, ELS는 알고 투자해야 한다

예금보다 100배 어려운 구조로 되어 있는 상품이 ELS이다. 당연히 예금처럼 가입하면 안 되는 것이다. 구조를 이해하고 투자 판단을 내린 뒤 들어가야 되는 '투자위험상품'이다. 하나씩 살펴보자.

1. ELS: Equity-Linked-Securities(주가연계증권)

주가지수나 개별 주식의 가격에 연계되어 투자 수익이 결정되는 유가증권으로 불린다.

표1 ELS의 종류

ELS	원금보장형 ELS	지수 및 기타 자산을 기초로 하여 증권사의 신용을 바탕으로 발행한 상품
	원금비보장형 ELS	지수 및 기타 자산을 기초로 하여 다양한 파생 구조로 만들어진 상품
	DLB/DLS	원자재, 환율 등 기타 자산을 활용한 구조, 원금보장부터 비보장, 보존추구형까지 다양한 구조로 파생

---

33 중국증시 급락에 홍콩H지수 연동 ELS, 7일부터 판매 중단-조선일보 2015.9.5. 일자 (이후 최근에는 다시 홍콩H지수에 연동되는 ELS가 발행되고 있다.)

2. 최초기준가격 VS 만기평가가격

최초기준가격이란 ELS 발행일 시 정해진 기준에 따라 정해진 가격이며, 만기평가가격이란 만기 시 수익률을 산정하기 위한 ELS의 만기시점 기초자산 가격이다. 보통 최초기준가격과 만기평가가격은 해당일의 종가 기준을 말한다.

◆ 조기상환형 스텝다운 **ELS**

◆ 기초자산 : S&P500지수-HSCEI지수

◆ 상환조건 : 만기 3년 / 매 4개월 조기상환
  95-95-95-90-90-90-85-85-85% KI 60%

◆ 최대수익(세전) : 24.03%(연 8.01%)

◆ 최대손실 : [-100%] (원금비보장형)

증권명	ELS 제2018호
모집예정금액	[200억원]
기초자산	S&P500지수, HSCEI지수
청약기간	2013.12.16 (월,13시) ~ 2013.12.20 (금,13시)
최초기준가격	2013.12.20 (금) 기초자산의 종가
발행일	2013.12.20 (금)
자동조기상환평가가격	매 자동조기상환평가일 각 기초자산 종가
자동조기상환평가일	① 2014.04.22　② 2014.08.20 ③ 2014.12.19　④ 2015.04.21 ⑤ 2015.08.20　⑥ 2015.12.21 ⑦ 2016.04.20　⑧ 2016.08.19
만기평가가격	2016.12.20 (만기평가일) 각 기초자산 종가
만기지급일	2016.12.23

출처: H증권 ELS 리플렛 [34]

기초자산이 S&P500지수과 홍콩H주인 지수형ELS이다. 최초기준가격과 만기평가가격이 각각 기초자산의 종가로 반영이 된다. 월요일 지수가 낮아 투자를 했다고 하더라도, 투자되는 금액의 시점은 주

---

34 당시 ELS를 가장 잘 만들었다고 호평이 나 있던 H증권이 ELS상품을 변형한 예시로 설명한다.

식시장이 마감하는 금요일 종가이다. 이때 투자했던 월요일보다 지수가 올라갔다면 처음 투자했던 것과 괴리가 발생하게 된다는 점을 알아둬야 한다. ELS는 발행되고 기다렸다가 금요일을 종가 전에만 가입하면 된다.

3. 낙인(Knock In)

낙인이란 기초자산이 기준가격 대비 특정 수준까지 하락할 경우, 원금손실이 가능한 주가 수준을 말한다. 낙인이 발생하더라도 그다음에 오는 조기상환이나 만기상환 조건을 달성할 경우에는 수익상환되므로, 낙인이 되었더라도 무조건 원금손실이 확정되는 것은 아니다.

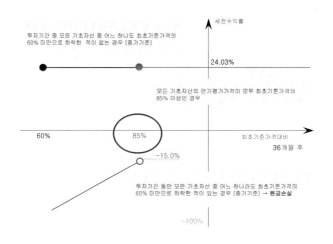

출처: H증권 ELS 리플렛 참고

기초자산을 S&P500과 HSCEI지수로 삼는 ELS는 손실 가능 기준인 낙인이 60%이다. 예를 들어 두 개의 기초자산 지수를 2,000포인트라고 가정 시 60%인 1,200포인트 아래로 떨어지게 되면 원금 손실이 발생한다. 하지만 만기시점까지 두 기초자산이 85%인 1,700포인트까지 올라오게 되면 마이너스가 아닌 오히려 ELS가 약속한 원금과 이자를 지급하게 된다.

그래서 ELS 상품을 고를 때 낙인 범위도 중요하지만 앞 그림의 빨강 원으로 그려놓은 '동아줄' 범위도 중요하다. 낙인이 되어 물에 빠져 죽기 일보 직전이라도 '동아줄'이 길면 잡고 올라와서 살 수 있는 것과 같다고 생각하면 된다. 만일 짧다면 살기 직전까지 가다가 죽을 수도 있기 때문이다.

4. 원금보장형 ELS(=ELB: equity-linked bond)

원금보장형ELS라고 하더라도 2가지 경우에 대해서는 원금이 손실이 날 수 있다. 우선 원금보장형ELS는 투자만기 전에 해약할 시 해약수수료(야 5~8%)를 뗀 나머지 금액만 지급하기 때문에 원금 자체를 받을 수 없다. 두 번째는 ELS는 채권처럼 증권사의 신용도를 바탕으로 만들어졌기 때문에 발행한 증권사가 신용상 문제가 생길 시 원금을 돌려받지 못할 수 있다. 위의 2가지가 아니라면 원금이 보장되는 금융상품이다.

5. 리베이트(Rebate)

리베이트(Rebate)는 원금보장형 녹아웃ELS에서 상방한계가격(=상방배리어)를 초과했을 때 지급하는 고정 수익금액이다. 예금 정도의 시중 금리 범위에서 금리가 정해진다.

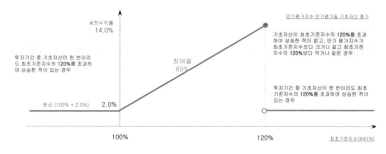

출처: H증권 ELS 리플렛 참고

위의 그림을 보면 2%라고 적힌 것이 리베이트이다. 위의 ELS상품은 주가가 100% 미만으로 떨어져도 102%는 보장하며, 120%를 초과했을 때에도 102%를 보장하는 ELS이다. 2%의 초과수익을 내기 위해서는 기초자산이 만기시점에서 100~120% 안에 머물러야 '102%+α'를 챙겨갈 수 있다. 예를 들어 기초자산이 코스피200인데 최초기준가격이 2,000이라고 가정 시 위에 보이는 ELS의 최대수익을 가져가기 위해서는 2,000포인트×120%=2,400포인트가 돼야 한다. 그럼 만기에 14%의 수익을 가져갈 수 있다. 하지만 정확히 만기시점에서 딱 떨어지기에는 가능성이 희박하고 2~14% 사이 중간 정도의 수익률을 보는 것이 좋다.

6. 참여율

참여율(Participation Rate)은 만기상환 시 기초자산 상승 또는 하락분 대비 ELS의 수익이 산출되는 비율을 나타낸다. 예를 들어 위의 그림을 보면 참여율은 60%이다. 그럼 만약 기초자산이 20% 상승하면 수익률은 20%×60%=12%가 된다. 여기에 리베이트를 더해야 하니 최종 수익률은 12%+2%=14%가 되는 셈이다. 결국 참여율은 투자자가 가져가는 수익의 비중을 나타내므로 높을수록 유리하다.

7. 스텝다운형(Step-Down)

스텝다운형ELS는 원금비보장형으로 ELS 발행 물량 중 대다수가 여기에 속한다. 스텝다운형ELS는 낙아웃형의 변형된 상품으로 조기상환 배리어가 단계적으로 낮아지는 형태이다. 예를 들어 '만기 3년, 4개월마다 조기상환 조건'이라면 4개월, 8개월, 12개월… 36개월로 4개월마다 원금과 수익을 실현시킬 수 있는 기회가 생긴다는 뜻이다. 날짜마다 조건은 모두 다르지만, 날짜가 길어질수록 평가 기준이 낮아져서 수익을 얻을 수 있는 가능성이 점점 더 커지는 특징을 가지고 있다.

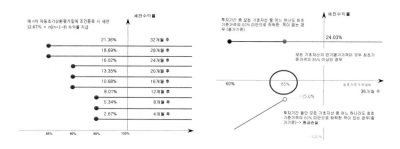

출처: H증권 ELS 리플렛 참고

위의 상품은 기초자산이 코스피200과 홍콩H주로 구성된 지수형 ELS이다. 대부분의 스텝다운형ELS의 만기는 3년으로 구성되어 있다는 점두 알아두자. 만기 3년 안에 조기상환 조건이 걸려 있다. 조기상환 조건은 상품마다 제각각이나 3개월, 4개월, 6개월로 나뉜다. 최근에는 6개월로 과거처럼 짧은 상품이 발행되지 않는 것이 아쉽다. 구조를 살펴보면 앞의 ELS는 1년 차, 2년 차, 3년 차에 조기 조건 상환을 95%, 90%, 85%로 설정하고 조기상환 기준을 5%씩 정했다.

가상으로 투자해보면 코스피200지수가 2,000포인트, 홍콩H주가 2,000포인트에서 투자했다면 정확히 4개월 후에 두 지수 모두 1,900포인트(95%) 이상만 있다면, 2.67%의 수익을 받고 종료되는 상품이다.[35] 반대로 둘 중의 한 지수가 1,900포인트(95%) 미만이라면 자동으로 연장되면서 연장된 만큼 2.67%를 더 얹혀서 올라가게 된다. 그럼 2배 수익률을 기대할 수 있는 시점은 8개월 뒤로 볼 수 있는데, 그 시점에도 1,900포인트(95%) 이상인지 미만인지에 따라 조기상환이냐 자동 연장이냐를 파악할 수 있다.

원금손실 기준은 투자기간 3년 동안 두 지수가 모두 60%인 1,200포인트 미만으로 빠지지 않으면 된다. 만일 3년 동안 조기상환 조건에 만족하지는 못했지만, 만기시점까지 60% 이상에 있으면 24.03%를 받을 수 있다. 반대로 투자기간 동안 두 지수 중 하나라도 60% 미만으로 떨어져서 만기에 85%까지 올라오지 못한다면 손실이 발생한다. 결국 해당 상품은 처음 투자부터 3년간 -40% 이상 손해나지만 않으면 되는 상품인 셈이다.

---

35 여기서 종료의 뜻은 상품 만기인 3년을 채우지 않고도 정해진 이자를 원금과 같이 CMA(최초투자계좌)로 상환해준다는 말이다.

원금비보장형 스텝다운ELS 투자 주의점은?

① 원금비보장형이기 때문에 몰빵 투자는 금물

원금보장형ELS와는 달리 목돈을 한데 투자하면 안 된다. ELS는 처음 만들어진 상품 조건대로 진행되기 때문에 펀드나 주식처럼 수익 하락 시 추가 매입을 통한 저가 매수가 불가능하다. 꼭 여유 자금은 남기면서 분산투자하는 것이 바람직하다.

② 조기상환이 달려있다고 단기 상품으로 생각하는 것은 금물

만약 3년 만기 6개월 조기상환 조건의 스텝다운형ELS에 투자했다면, 3년 동안 투자할 각오로 기다려야 한다. 예를 들어 아이 학자금이나 전세자금 등 반드시 특정 기간(1년 혹은 2년 정도)에 쓰일 목적 자금을 조금이라도 굴려보겠다고 투자하면 안 된다는 것이다. 조기상환만 믿고 단기 투자했는데 만일 상환조건을 충족하지 못할 경우, 재무목표 달성에 실패를 할 가능성이 크기 때문이다. 조기상환은 그저 옵션이다. 상품 만기는 3년임을 명시하자.

③ 낙인(Knock-In)보다 수익률을 먼저 고려하는 것은 금물

투자 시 수익률도 중요하지만, 무엇보다 더 중요한 것은 손실을 겪느냐, 겪지 않느냐이다. 이 때문에 스텝다운형ELS를 선택할 시 수익률보다는 낙인을 먼저 확인해야 한다. 대부분의 상품은 수익률이 높을수록 낙인도 높다. 예를 들어 "3년 만기 수익률 30%와 낙인 70% 상품(A)과 수익률 25% 낙인 60% 상품(B) 중 어떤 것을 선택하시겠습니까?"라고 하면 수익률에 큰 차이가 없는 이상 좀 더

안정적인 상품(B)에 투자하고, 일부만 A에 투자하는 것이 바람직하다. 잃지 않는 투자야말로 가장 성공적인 투자이다.

대표 기초지수를 확인하자

ELS의 기초자산은 대부분 주요 국가의 대표지수를 사용한다. 때에 따라서는 원유, 금, 농산물, 통화 등을 기초자산으로 삼는 경우가 있지만, 지수보다는 변동성이 커서 투자에 따른 리스크가 따른다. 투자 전문가가 아니라면 주요국의 지수를 활용한 ELS를 선택하는 것이 바람직하며, 투자 전 대표지수를 이해하고 PER(Price earning ratio)과 PBR(Price on Book-value Ration) 등을 확인한 뒤 시작하는 것이 좋다.

Kospi200 지수

KOSPI200은 상장종목수의 20%에 불과하나 시가총액의 70%를 차지하기 때문에 우리나라 코스피지수 움직임을 좌우한다. 대표업종 중에서 시가총액과 거래량 비중이 높은 종목들을 우선 선정하여 만든다.

지수형ELS에 투자할 때 해당 지수가 고평가되었는지 저평가되었는지 확인하고 투자하는 것이 약간의 승률이라도 높일 수 있는 방법이다. 그 지표가 바로 PBR, 주가순자산비율(Price Book-value Ratio)이다. PBR는 주가가 순자산에 비해 1주당 몇 배로 거래되고 있는지 측정하는 지표로, PBR가 1이라면 1주당 가격과 순자산이 같은 경우이다.

수치가 낮을수록 저평가, 반대로 높을수록 고평가되어 있다고 볼 수 있다. 한국거래소(KRX) 홈페이지에 들어가면 자세히 확인할 수 있다.

http://marketdata.krx.co.kr/mdi#document=10010105

출처: KRX

들어가면 KRX계열로 선택되어 있는 창이 뜬다. 그럼 KOSPI계열로 클릭한 이후 일별, 월별, 연도별로 조회가 가능하도록 되어 있다. 그럼 밑에 ELS의 기초자산이 되는 KOSPI200을 확인하고 평가하면 된다.

해외지수

① HSCEI 지수

홍콩 증시는 조금 복잡한 면이 있다. 이를 알기 위해서는 중국 증시부터 알아야 한다. 중국의 주식은 크게 A주와 B주, 그리고 해외 상장주로 나누어진다. A주는 내국인이 투자할 수 있는 주식군이고, B주는 외국인투자 전용의 주식이다. 홍콩 증시는 해외 상장주식으로 구분하는데, 중국 내부에서는 홍콩의 주식을 H주, 뉴욕의 주식을 N주, 일본 증시에 상장한 주식을 T주, 싱가포르 증시의 주식을 S주, 런던 증시 상장주식을 L주로 분류한다. 홍콩 증시 또한 몇 가지로 나누어지는데 388개 종목으로 구성된 홍콩종합지수(HSCI)가 있고, 여기에 금융주 중심으로 되어 있는 것이 홍콩H지수인 HSCEI이다. 이 밖에 레드칩으로 된 기업 중심의 항생중국투자기업지수인 HSCCI도 있다.

HSCEI는 금융섹터에 치중되어 있으며, 나머지는 에너지와 건설섹터로 구성되어 있다.[36] IT기업은 하나도 없는 것이 특징이다. 편입종목 개수는 40개로 지수형ELS의 기초자산이 되는 5가지의 대표지수 중에서도 종목비중이 가장 낮다. 유로스탁50보다도 종목수는 적지만 기업의 시가총액은 크다. 금융기업 외에도 에너지, 산업

---

36 외국인 투자가 허용된 HSCEI지수(홍콩H지수)는 향후 부채 부실화 정리과정에서 예기치 못한 위험에 처해질 수 있다. 왜 중국의 금융주만 외국인 투자를 받아들였는지, 이 부분이 세계 경제에 미칠 영향도 고려해야 한다.

재, 신소재 등의 기업이 포함되어 있다. 2015년 중국증시 폭락 이후에는 HSI(항생지수)지수를 많이 쓰곤 한다. HSI지수는 상위 50개 종목(홍콩 증권시장 시가총액의 약 58% 차지)을 기준으로 삼는다. HSCEI 보다는 조금 안정적인 흐름을 보이고 있다.

- 중국 대표지수의 종목 구성과 수익 확인을 할 수 있는 곳: www.hsi.com.hk

② S&P500 지수

S&P500 국제신용평가기관인 스탠더드푸어스(S&P)가 500개 기업을 선별하여 만든 지수이다. 대표적인 다우존스지수도 존재하긴 하지만, 블루칩기업 30개 정도로만 구성되어 있어 만약 몇몇 기업에 문제가 생기면 영향을 크게 받아 변동성이 커질 수 있다는 점이 차이다. 이에 좀 더 포괄적인 지수의 필요성에 S&P500이 만들어졌고, S&P500에는 공업주(400개), 운수주(20개), 공공주(40개), 금융주(40개)로 구성되어 있다. 해당 그룹별 지수도 따로 산출하여 발표한다. S&P500도 국제신용평가기관에서 발표하기에 다우존스만큼 공신력이 있는 것이 특징이다.

③ EUROSTOXX50 지수

EUROSTOXX50은 유럽의 금융업체 스톡스가 2004년 유럽 12개국 중 블루칩 기업으로 만든 지수이다. 유럽의 대표적인 범유럽지수는 EUROSTOXX600이 있지만, 한국에서는 ELS의 기초지수로 주로 활용된다. 단어 끝의 '50'은 지수가 만들어진 50개의 기업 수를 나타내며 S&P500과 NIKKEI225, KOSPI200처럼 지수를 구성하는 종목이 많은 여타의 나라들보다 적기 때문에 기업 리스크가 발생하면 변동성이 커질 수 있다.

편입되는 기업의 국가는 오스트리아, 벨기에, 핀란드, 프랑스, 독일, 그리스, 아일랜드, 이탈리아, 룩셈부르크, 네덜란드, 포르투갈, 스페인이다. 유럽 재정위기의 시발점이 된 PIGS(포르투갈, 이탈리아, 그리스, 스페인의 앞머리 약자로 재정과 경상수지 관리를 못해 위험에 처한 국가들)의 국가들이 함께 포함되어 있다는 것이 눈에 띈다. EUROSTOXX50 자체가 각국의 대표기업으로 구성되어 있기 때문에 안정성은 있는 편이다.

④ NIKKEI225 지수

NIKKEI225는 일본의 경제신문사인 니혼게이자가 도쿄증권거래소 1부에서 유동성이 높은 225개의 종목을 평균 내어 발표하는 일본의 대표적인 주가지수이다. NIKKEI225가 1부시장에서 차지하는 비중은 약 70%라고 하니, KOSPI200처럼 대표성을 띠고 있다는 점이 특징이다.

⑤ 대표지수의 PER와 PBR 확인하는 방법
  - JP Morgan 'Guide to the Markets'

글로벌자산배분을 좀 더 용이하게 도와줄 수 있는 최고의 자료 중에 하나이다. JP Morgan 홈페이지 상단에 INSIGHTS-Guide to the Markets을 따라 들어가면 자료를 내려받을 수 있다.[37] 자료

---

37 홈페이지 최상단에 Select Country로 가면 미국뿐만 아니라 아메리카, 유럽, 아시아의 주요 도시로 된 가이드를 볼 수 있다. 내용은 비슷하고 선택한 국가의 주변 지역을 중심으로 시작한다.

를 받아보면 PER와 PBR 관련 자료들이 국가별 비교를 통해 정리
돼 있다.

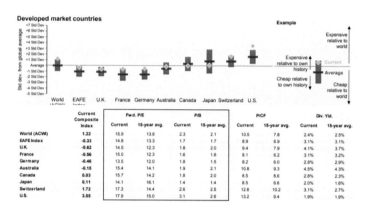

	Current Composite Index	Fwd. P/E		P/B		P/CF		Div. Yld.	
		Current	15-year avg.	Current	15-year avg.	Current	15-year avg.	Current	15-year avg.
World (ACWI)	1.22	15.9	13.8	2.3	2.1	10.5	7.8	2.4%	2.5%
EAFE Index	-0.33	14.8	13.3	1.7	1.7	8.9	6.9	3.1%	3.1%
U.K.	-0.62	14.5	12.3	1.8	2.0	9.4	7.9	4.1%	3.7%
France	-0.56	15.0	12.3	1.6	1.6	8.1	6.2	3.1%	3.2%
Germany	-0.46	13.5	12.0	1.8	1.5	8.2	6.0	2.8%	2.9%
Australia	-0.15	15.4	14.1	1.9	2.1	10.8	9.3	4.5%	4.3%
Canada	0.03	15.7	14.2	1.8	2.0	8.5	8.6	2.8%	2.3%
Japan	0.11	14.1	16.1	1.4	1.4	8.5	6.6	2.0%	1.6%
Switzerland	1.72	17.3	14.4	2.6	2.5	12.6	10.2	3.1%	2.7%
U.S.	3.55	17.9	15.0	3.1	2.6	13.2	9.4	1.9%	1.9%

출처: JP Morgan 'Guide to the Markets', Global equity valuations: Developed markets

　자료는 선진국 주식시장의 밸류에이션을 과거 15년 평균과 현재 시
점을 나타내어 보여준다. 현재 주가수준이 역사적으로 볼 때 고평가
인지 저평가인지를 선진국 간의 비교를 통해 파악할 수 있다. 마찬가
지로 주요 이머징마켓의 자료도 나오니 참고하길 바란다.

- 모닝스타(portfolios.morningstar.com)

Welcome to portfolios.morningstar.com!

 Stock/Fund GO

JP Morgan 자료는 분기에 한 번 나오기 때문에 실시간 PER와 PBR
을 파악하기 힘들다. 이때에는 모닝스타를 활용하면 되는데, 해당 홈
페이지에서 각국의 대표지수 명을 치고 검색하면 된다. 그 후 포트폴
리오로 찾아 들어가면 상세한 자료를 볼 수 있다.[38]

---

38   S&P500을 제외하면 지수로 검색되지 않고, 각국의 대표지수로 만든 ETF로 검색이 된다. 큰 차이는
     없으니 설정기간이 길고, 시가총액이 높은 상품을 골라 확인하면 된다.

- 지도로 보는 저평가, 고평가 나라

나라별 투자 매력도를 한눈에 볼 수 있는 사이트를 소개한다. 독일의 자산관리 회사 StarCapital이 만든 자료로 각종 지표를 통해 고평가는 붉은색, 저평가는 푸른색으로 표시하고 있다. 여러 지표를 바탕으로 투자의 우선순위를 등수로 표현한 것이 흥미롭다. 지표별, 대륙별로 구분해서 볼 수 있다는 것이 특징이다.

출처: starcapital.de/research/stockmarketvaluation, Global Stock Market Valuation Ratios

PBR지표 0.5~3.5 구간으로 고평가된 지역은 미국, 아르헨티나, 인도, 인도네시아이며, 유럽과 러시아, 중국이 비교적 저평가된 것으로 보인다.

다음의 표는 나라별 투자매력도를 통해 본 투자 우선순위 지역이다. 빠르게 업데이트되어 나오는 자료는 아니지만 전반적으로 투자할 지역이 어디쯤 와 있는지는 한눈에 볼 수 있다.

Country	Weight	CAPE	PE	PC	PB	PS	DY	RS 26W	RS 52W	Score
Russia	0.90%	6.4	8.1	5.1	0.9	0.9	4.90%	1.09	1.08	1
China	1.20%	20.4	9.4	5.3	1.2	0.8	3.20%	1.15	1.18	2
Czech	0.10%	10.1	14.2	9	1.6	1.3	5.60%	1.09	1.16	3
Portugal	0.10%	14.3	14.9	7.3	1.6	0.8	3.90%	1.04	1.09	4
Hungary	0.00%	15.9	11.6	5.3	1.6	0.9	2.30%	1.05	1.13	5
Poland	0.30%	13.4	15.6	8.2	1.5	0.9	1.90%	1.06	1.1	6
Greece	0.10%	-7.5	15.4	6.9	0.7	0.8	1.90%	1.12	1.16	7
Austria	0.20%	20.2	19.1	7.4	1.5	0.9	2.30%	1.07	1.14	8
Korea (South)	1.90%	16.5	11.9	6	1.2	0.8	1.60%	1.04	1.07	9
Italy	1.20%	18.1	36.2	7.1	1.4	0.7	2.80%	1.05	1.1	10
Israel	0.20%	15	14.9	8.1	1.4	1.1	3.80%	1.05	0.98	11
Turkey	0.30%	12.3	10.4	7.6	1.5	1.2	2.40%	1.03	1.05	12
Norway	0.40%	15.5	24.6	8.1	1.8	1.5	3.80%	1.04	1.09	13
South Africa	0.60%	20.1	15.5	11.4	2	1.4	3.70%	1.1	1.11	14
Brazil	1.40%	14.2	21	9.4	2.1	1.6	2.40%	1.1	1.12	15
Malaysia	0.60%	17.2	18.8	11.5	1.7	1.7	2.90%	1.08	1.08	16
Spain	1.30%	14.3	17.7	7.2	1.6	1.3	3.70%	1.02	1.03	17
Singapore	0.90%	14.5	11.3	9.6	1.2	1.3	3.00%	1.02	1.02	18
France	4.00%	21.6	19.7	9.6	1.9	1.1	2.70%	1.04	1.08	19
Hong Kong	4.30%	18.9	19.1	12.9	1.9	2.5	2.50%	1.07	1.13	20
Thailand	0.60%	22	18.4	10.8	2.4	1.7	2.60%	1.1	1.14	21
Germany	3.60%	21.3	19	9.9	2	0.9	2.40%	1.04	1.07	22
United Kingdom	5.20%	16.2	22.7	10	1.9	1.2	3.60%	1.03	1.04	23
Taiwan	1.20%	22.4	15.4	10.2	2.1	1.2	3.70%	1.04	1.04	24
Japan	9.30%	29.1	17.3	11.8	1.5	0.9	1.80%	1.03	1.05	25
New Zealand	0.10%	24	18.9	12.9	2	1.8	4.20%	1.04	1.05	26
Australia	2.00%	18.4	17.6	11	2.1	1.9	4.30%	1.02	1.02	27
Canada	2.80%	21.7	18.4	9.4	1.9	1.5	2.70%	0.99	1	28
Finland	0.40%	20.7	21.7	14.9	2.2	1.5	3.80%	1.02	1.04	29
Netherlands	1.20%	24.3	19.3	13.2	2.1	1.2	2.70%	1.03	1.05	30
Indonesia	0.60%	21	22	15.5	3.5	3	2.00%	1.05	1.06	31
Sweden	1.00%	21.7	15.8	11.9	2.1	1.7	3.40%	1	1	32
Ireland	0.20%	40.2	18	13.9	2	1.8	1.00%	1.03	1.05	33
Mexico	0.60%	22.5	17.9	12.1	2.4	1.5	2.30%	0.98	0.96	34
United States	41.20%	32.1	24.1	14.8	3.4	2.3	1.80%	1.04	1.05	35
Belgium	0.70%	25.9	22.7	13.7	2.1	2.1	3.20%	1	1.01	36
Switzerland	2.50%	25.9	26	17.4	2.7	2.1	3.00%	1.02	1.03	37
India	2.80%	23.5	26.5	19.8	3.2	2.2	1.30%	1.03	1.05	38
Philippines	0.40%	23.3	22.7	12	2.5	2	1.50%	1	0.99	39
Denmark	0.60%	36.3	24.3	15	3.1	2.4	2.30%	1	1.04	40
WORLD AC	100.00%	25.2	20.4	11.9	2.3	1.5	2.30%	1.04	1.05	
DEVELOPED MARKETS	85.50%	26.4	21	12.1	2.3	1.6	2.20%	1.04	1.05	
EMERGING MARKETS	14.50%	18.4	17.5	10.7	2	1.5	2.50%	1.07	1.08	
DEVELOPED EUROPE	22.70%	19.3	21.1	10.3	2	1.2	3.00%	1.03	1.05	
EMERGING EUROPE	1.60%	9.9	9.7	6	1.1	0.9	3.90%	1.07	1.08	
EMERGING AMERICA	3.80%	19.7	29.1	13.8	2.8	1.6	1.70%	1.1	1.13	
DEVELOPED ASIA-PACIFIC	18.40%		16.5	10.8	1.6	1.2	2.30%	1.04	1.07	
EMERGING ASIA-PACIFIC	7.40%	20	17.4	11	2.2	1.6	2.30%	1.06	1.08	
EMERGING AFRICA	0.80%		16	11.6	2.1	1.5	3.60%	1.09	1.11	
MIDDLE EAST	1.10%		15.4	10.7	1.4	1.6	4.40%	1.01	0.96	
BRIC	6.40%	17.3	15.3	9	1.8	1.4	2.40%	1.07	1.09	
OTHER EMERGING MKT.	3.00%		27.9	16.6	2.5	1.6	2.30%	1.75	2.41	

출처: starcapital.de/research/stockmarketvaluation

보장성보험

문재인 케어 등장, 보장성보험 어떻게 봐야 하나?

　미래 예기치 못한 일에 대비해 현재 소득 중 일부분을 저축(비용)하는 것을 보험에 가입한다고 한다. 노후를 대비해 연금보험을 가입하는 것은 납입한 금액을 돌려받기 때문에 저축의 개념이며, 암이나 질병·사망 등에 대비해 보장성보험에 가입하는 것은 비용의 개념이다. 간혹 보장성보험을 저축으로 생각하는 경우가 있지만, 본래의 목적은 매달 쓰는 소비의 개념과도 같다. 보장성보험은 1년에 100만 원 한도에서 납입 금액의 12%를 세액 공제받을 수 있다.

문재인 케어로 인해 보험은 필요 없어진다?

　문재인 케어의 핵심은 건강보험이 적용되지 않는 비급여의 비중을 낮추는 것이다. 한마디로 국민이 부담하는 병원비의 일부분도 국가에서 보조하겠다는 뜻이다. 그럼 비급여는 어느 정도일까? 2016년 5월 '한국 암 치료 보장성 확대 협력단'이 추계학술대회 특별세션에서 언급한 바에 따르면 암 환자들이 겪고 있는 가장 큰 어려움이 환자치료 비용 감당 능력과 비급여 항암제 비용 부담 등 '경제적 요인'이다. 비급여 치료를 받은 암 환자들의 암 치료비 응답 결과 치료비용이 평균 2,877만 원이며, 이중 71.6%인 2,061만 원이 비급여 항암제 비용으로 지출된다고 나타났다. 암은 치료비용도 부담이지만 생계를 책임지는 일을 중간에 그만둬야 할 경우가 생겨 경제적 곤란이 이중으로 가해질 수 있다. 문재인 케어를 통해 비급여 부분이라도 국가에서 지원해준다면 환자들의 재정적 문제는 크게 줄어들 것이라 보고 있다. 만일 제도가 잘 정착되면 실손의료비보험은 불필요해지며, 나머지 다른 특약들(암 진단비, 입원비, 수술비 등)은 가계의 생활자금으로 사용할 여지가 있으므로, 보장성보험의 의미는 점차 사라질 것이다.

장기요양보험은 2020년, 국민건강보험은 2023년 적립금이 고갈된다?

모든 것이 뜻대로 된다면 얼마나 좋을까? 안타깝게도 우리나라는 세계에서 가장 빨리 늙어가는 나라이며, 저출산도 큰 해결책 없이 진행 중에 있다. 이런 상황이 지속되면 우리나라는 어떻게 되는 걸까? 2017년 3월 기획재정부에서 발표한 제4차 '사회보험 재정건전화 정책협의회'를 보면 우리 사회의 미래를 알 수 있다.

표1 사회보험별 재정수지

	총계	연금합계	국민연금	사학연금	공무원연금	군인연금	보험합계	건강보험	장기요양	고용보험	산재보험
'16년	48.1	42.9	45.9	0.9	△2.2	△1.6	5.2	3.1	0	0.6	1.5
'25년	26.5	48.1	57.2	0.7	△7.1	△2.6	△21.6	△20.1	△2.2	△2.6	3.3

출처: 기획재정부 보도자료, 단위 조원, △: 적자를 표현

앞의 표를 보면 국민건강보험과 장기요양보험의 적자는 2025년 되면 총 41.7조 원으로 불어나게 된다. 이런 상황에서 문재인 케어 등 다른 복지 정책이 제대로 실효성을 갖추기는 쉽지 않아 보인다. 만일, 국내 경제 성장률[39]이 지속적으로 높아지면서 재정 수입이 커지게 되면 해결될 여지는 남아 있으나, 앞으로 경제성장률의 둔화가 예측된 만큼 오히려 반대의 상황을 가정하고 이런 상황을 고려해봐야 될 처지이다.

보장성보험, 패러다임을 바꿔라

보장성보험도 이제 다른 생각을 가지고 접근해야 한다. 기존에는 뭐가 보장이 되는지, 안 되는지 따져가며 조금이라도 보장이 좋고 보험료가 저렴한 것을 찾아 선택했지만, 앞으로는 보험금을 제대로 탈 수 있는 '보험회사'인지 아닌지를 놓고 판가름을 낼 것이다.

국제회계기준 IFRS17(International Financial Reporting Standards 17)

2021년쯤 적용될 새로운 국제회계기준 IFRS17은 보험회사들의 재정건전성을 테스트할 중요한 사건으로 보인다. 새 회계기준은 보험회사들의 부채에 대해 원가가 아닌 시장금리를 반영한 시가로 평가하

---

39 사회보험별 재정수지 예측을 위한 주요 변수 설정 중 국내 경제성장률은 2016~2020년 3.1%, 2021~2025년은 2.7%으로 정했다. 2017년 반도체와 석유화학, 정유 등을 중심으로 한 수출실적의 확대로 3% 가까운 경제성장을 했지만 앞으로 지속적으로 3%를 달성할 수 있을지 큰 미지수로 나온다.

게 한다. 만일 저금리 기조가 지속된다면 과거에 고금리로 판매한 보험 때문에 부채가 현재보다 훨씬 증가할 수 있다. 결국 자본 확충이 중요한 문제인데, 최근에 몇몇 외국계 보험회사들이 매각이나 합병을 시도하거나, 가지고 있는 부동산을 매도하는 것 등은 바로 이런 이유에서이다. 또한 생명보험사를 중심으로 행해지는 지점 통폐합, 보험설계사 축소 등 보험회사의 밥줄이던 영업조직의 대수술은 앞으로 보험회사의 심각한 재정난을 보여줄 모습이라 볼 수 있다. 저금리는 상당기간 지속될 것이다.

보험회사의 건전성 지표인 지급여력비율(RBC)을 확인하라

보험은 미래를 대비한 수단이다. 종신보험이나 100세 연금은 앞으로 50~70년 더 유지되면서 버텨내야 한다. 보험회사의 재정건전성이 중요한 이유다. 그것을 판단하는 기준이 지급여력비율[40]이다. 최소 150%를 유지해야만 보험회사도 살고, 보험 가입자도 살 수 있는 것이다.

금융감독원에서 나온 지급여력비율을 보면, 특히 중소형 보험사들에서 빨간불이 들어온 것을 확인할 수 있다. 해당 보험사들은 영업경쟁력 확보를 위해 대형 보험사들보다 금리가 높고, 보장 담보가 좋은 상품을 판매해 왔다. 앞으로 국제회계기준과 겹쳐 적립금 충당에 애를 먹을 것으로 보인다.

---

40 보험회사가 예상하지 못한 손실 발생 시에도 보험계약자에 대한 보험금 지급의무를 이행할 수 있도록 책임준비금 외에 추가로 순자산을 보유하도록 하는 제도로 비슷한 의미로 은행은 BIS(자기자본비율)를 사용한다

RBC 200% 이하 보험사 (단위: %)

생명보험사

NH농협생명	185.9
DGB생명	184.6
동부생명	184.2
KB생명	183.9
신한생명	175.6
메트라이프	174.4
하나생명	160.9
현대라이프	149.5
흥국생명	148.6
KDB생명	124.3

손해보험사

메리츠화재	188.1
농협손해보험	186.1
동부화재	178.5
KB손해보험	172
현대해상화재	159.7
한화손해보험	156.7
흥국화재해상	154.8
롯데손해보험	150.1
MG손해보험	118.6

※2017년 3월말 기준. 자료: 금융감독원

출처: 금융감독원(2017년 3월), RBC 200% 이하 보험사

하락하는 보험사 지급여력비율(RBC)
350 (단위: %)

○— 생명보험사
○— 손해보험사

320.1
284.7
265.4 278.3
251.4 246.6
250 240.5
244.3 227.9 232.2

2015년 3월 12월 2016년 3월 12월 2017년
자료: 금융감독원 3월

출처: 금융감독원(2017년 3월), 하락하는 보험사 지급여력비율(RBC)

보장성보험 만기, 기간을 짧게 잡고 준비하자

보장성보험의 담보를 현재 시점에서 파악한 물가 가치를 적용하고 바라보는 것이 가장 큰 문제이다. 예를 들면 만약 당신이 암 진단비 3,000만 원에 가입했는데 3%의 물가 상승률을 가정해보면 10년 뒤에는 약 2,200만 원 가치를, 20년 후에는 절반 정도인 약 1,600만 원 가치를 보유하게 된다. 또한 물가 상승은 치료비의 상승과도 같은 개념이기에 지금의 3,000만 원은 물가 상승률 3%로 감안하면 20년 후에 약 5,400만 원으로 뛰게 된다. 결국 계산해보면 20년 후에는 치료비가 지금의 1.8배로 올라가게 되고, 내 보험의 가치는 1/2로 줄어들게 되니 둘의 차이는 3배 이상 격차를 보이게 된다. 물론 물가가 더 뛰어오르거나 줄어들면 격차의 차이는 변경될 수 있으나, 적당한 인플레이션은 국가 정책 중 중요한 부분이기에 앞서 설명한 것은 미래에 반드시 일어날 일이다.

100세 만기 보험, 과연 의미가 있는 것일까?

보험을 숫자로 계산하면서 바라보기에 그 속에 담긴 가치는 너무 크다. 하지만 한 번쯤 100세 만기의 보험 증서를 바라보면서 생각할 시간은 가질 필요가 있을 것이다. 지속되는 저금리의 여파로 인한 보험사들의 재정건전성 악화 우려, 물가 상승으로 인한 보험의 담보가치 하락, 경제 불황으로 줄어든 가처분 소득 대비 높은 보험료의 부담 등 여러 가지 부분이 보험의 미래를 불안하게 한다. 대책은 없을까?

표1 손실 유형별 위험처리 방법

구분		발생 빈도	
		낮다	높다
손실 규모	심각	위험 회피 위험 축소	**위험 이전** **(보험)**
	미미	위험 보유 위험 축소	위험 보유

출처: CFP교재 보험설계, 손실 유형별 위험처리 방법

　손실 규모가 심각하며 발생 빈도가 낮은 것을 보험 가입을 통해 위험을 이전시킨다고 한다. 반대로 손실 규모가 미미한 것은 위험을 보유하면서 살아간다. 예를 들어, 환절기마다 걸리는 감기 등이 바로 그것이다. 감기에 걸릴 것 같지만 보험에는 가입을 안 하는 것과 마찬가지다. 경제적인 부담이 없기 때문이다. 이 부분을 함께 활용해서 전략을 세워보자.

① 100세 만기보다, 15년 혹은 20년 만기로 짧게 보장하라

　사실 100세 만기는 변화하는 위험(질병)에 대처하기 힘든 구조이다. 1980년대만 하더라도 암으로 사망하는 비율이 지금보다 높지는 않았다. 좀 더 과거에는 결핵으로 사망하는 경우도 빈번했다. 지금은 그렇지 아니하지 않은가. 또한 새롭게 등장하는 질병 군도 고려해야 한다. 메르스, 에볼라, 지카바이러스 등 우리나라에서 발견되지 않았던 감염성 질병도 100세 만기 보험이 극복하지 못한 숙제라고 볼 수 있다. 미래에는 어떤 질병이 한국인의 사망 원인으로 자리 잡고, 이런 질병을 보장하는 보험이 나오는지 지켜봐야 한다.

또한 현재 100세 만기 비갱신형 보험보다는 15년(20년) 만기 갱신형 보험의 보험료가 저렴하다. 15년(20년) 기간만 보험 가입을 통해 위험 이전을 하자. 무조건 저렴한 곳으로 찾지 말고, 보험사의 재정 건전성 중 괜찮은 회사를 찾아보자. 경기 침체 후 저금리를 지속해 온 일본의 경우 재정건전성 악화로 파산한 보험사들을 보면 마냥 아무 보험회사나 믿고 가입할 수는 없을 것이다. 특히 지급여력 비율(RBC)을 보면서 해답을 찾아보자.

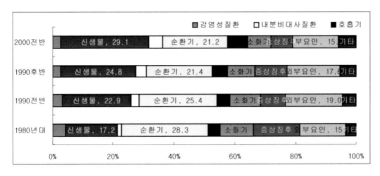

출처: 통계청, 한국인의 사망원인 구조 변동 추이, 사망원인 구성비 추이(남자)

② 그 이후는 위험을 보유하는 쪽으로 저축을 활용하자

15년(20년) 이후에는 그동안 저축했던 자금을 활용하여 위험을 보유하자. 앞의 ①번처럼 할 경우 같은 보장 담보에 저렴한 보험료이기 때문에 그 차액만큼을 저축하여 미래에 발생될 위험을 해결하는 데 사용하면 된다. 단, 중간에 해약하거나 찾아 쓰면 안 되고, 15~20년 동안 저축할 자금이기에 긴 안목을 가지고 투자처를 발굴해보자. 특히 매년 물가가 상승하는 만큼 저축금액을 늘리면 안전한 자산에 투자해도 되며, 그렇지 않으면 투자수익률을 생각하고 고려해야 한다. 혹 15~20년이 지난 다음 보험에 가입해도 되지 않을까 의문을 가진 사람도 있을 것이다. 맞는 말이다. 그때는 그때 가서 생각해보자. 몇 개의 회사가 남았고, 보장은 어떻게 변했을지, 보험료는 물가 상승 대비 얼마나 올랐을지 고려해봐야 한다. 고령화가 빠르게 진행되며, 저금리가 지속될 대한민국에서 20년 후 보험은 예측하기 쉽지 않은 일이다.

주택종합청약저축 활용법

8년 전 출시된 주택종합청약저축의 가입자 수가 2,000만 명을 넘어섰다. 1순위도 1,100만 명이다. 처음에는 내 집 마련의 꿈과 함께 다른 저축과 비교할 시 높은 이율, 그리고 경우에 따라서는 소득공제 혜택까지 주어진 만능통장이었다. 하지만 요즘은 장롱 속 귀퉁이에 고이 자리 잡고 있는 종잇조각 취급을 받으니 세월이 무섭긴 한가 보다. 그래도 한 번은 바깥으로 꺼내서 어떻게 쓸지를 생각해보는 것도 내 돈 활용법 아닐까?

저축으로써 주택종합청약저축 활용법

저축으로서의 기능을 먼저 살펴보자. 다른 저축상품보다 높은 이율을 제시하지만 지금처럼 저금리 시대에는 청약통장이라고 다를 바가 없다.

표1 저축기간별 적용이율

가입일로부터 1개월 이내에 해지하는 경우	연 0.00%
가입일로부터 1개월 초과 1년 미만 기간 내에 해지하는 경우	연 1.00%
가입일로부터 1년 이상 2년 미만 기간 내에 해지하는 경우	연 1.50%
가입일로부터 2년 이상 경과된 후에 해지하는 경우	연 1.80%

가장 높은 이율을 받기 위해 기다려야 하는 기간은 2년 이상이다. 2년 미만으로 저축을 할 목적이면 예금이나 적금에 가입하는 것이 이자를 더 받을 수 있다. 또한 최근 인터넷통장 개설과 카카오뱅킹의 등장으로 청약통장의 이율이 높다고도 할 수 없다. 저축으로서 가장 잘 활용할 수 있는 방법은 소득공제혜택을 받는 것이다. 월 20만 원씩 1년간 240만 원을 납입했다면 이 중 40%인 96만 원을 소득공제해 준다. 과세표준 구간에 따라 절세하는 금액도 달라진다.

표2 과세표준 구간별 절세금액

과세표준	세율	절세 금액(지방세 포함)
1,200만 원 이하	6%	63,360원
1,200만 원 초과~4,600만 원 이하	15%	158,400원
4,600만 원 초과~8,800만 원 이하	24%	253,440원
8,800만 원 초과~1억 5천만 원 이하	35%	해당 없음
1억5천만 원 초과~	38%	해당 없음
5억 원 초과	40%	해당 없음

과세표준 구간이 35% 이상인 경우 주택종합청약저축의 소득공제 혜택을 받을 가능성이 없다.

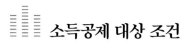# 소득공제 대상 조건

① 해당 과세기간의 총 급여액이 7천만 원 이하인 근로소득이 있는 거주자(일용근로자 제외)

② 과세연도 중 주택을 소유하지 않은 세대의 세대주

③ 가입은행에 소득공제를 적용받으려는 과세기간(과세연도)의 다음 연도 2월말까지 무주택확인서를 제출하여 등록한 분

위의 세 조건이 모두 충족되어야만 소득공제 혜택을 받을 수 있으며, 과세표준 구간이 35% 이상인 경우는 대부분이 총 급여액이 7천만 원을 초과하기 때문에 적용되지 않는 것이다. 소득공제를 받는다면 저축으로서 통장은 꽤나 좋아 보인다.

표3 매월 20만 원씩 적금을 납입했을 때 주택청약종합저축 소득공제와 비교

적금이자	세율	절세 금액(지방세 포함)	적금대비 수익률
16,497원 (1.5%,세후)	6%	63,360원	약 3.8배
	15%	158,400원	약 9.6배
	24%	253,440원	약 15.3배

주택청약종합저축 자체의 수익률도 함께 포함하면 수익률 차이는 더 벌어진다. 향후 저금리 상황이 지속된다면 소득공제를 받을 수 있는 주택청약종합저축은 1순위 저축상품이다.

주택마련자금으로써 주택종합청약저축 활용법

주택종합청약저축 가입 목적은 내 집 마련이다. 가입만 한다고 내가 원하는 집을 장만할 수 있을까? 아니다. 민영주택과 공공주택에 따라 달리 구분해서 전략을 세워야 한다. 주택종합청약저축은 매달 2만 원에서 50만 원까지 납입하는 돈을 정할 수 있다. 만약 잔액 대비 1,500만 원 미만이라면 일시에 1,500만 원까지 넣을 수 있다. 여기서 민영주택과 공공주택의 우선순위가 갈린다. 먼저 민영주택은 입주 날짜 전까지 청약증거금이 있으면 매월 오랫동안 넣든, 일시에 넣든 구분하지 않는다. 하지만 공공주택은 납입 회차를 기준으로 따진다. 1순위가 되려면 수도권은 1년, 지방은 6개월의 가입기간을 충족해야 된다. 또한 인정해주는 금액도 10만 원뿐이다.

표4 지역별·면적별 청약증거금

구분	청약가능전용면적			
	85㎡이하	102㎡이하	135㎡이하	모든면적
서울/부산	300만 원	500만 원	1,000만 원	1,500만 원
기타광역시	250만 원	400만 원	700만 원	1,000만 원
기타시군	200만 원	300만 원	400만 원	500만 원

만약 청약증거금이 1,500만 원 필요하다면 150개월을 최소 10만 원씩 납입한 사람만 뽑는다는 것이다. 그만큼 오랫동안 납입해야 유리하다. 그래서 자녀가 있다면 19세 이전에 주택종합청약저축에 가입시

키는 것도 생각해보자. 나중에 자녀가 성년이 되어 공공주택을 청약할 경우 미성년기간동안 가입한 24회 차를 인정해주기 때문이다.

주택종합저축통장 활용 시 유의점

1. 소득공제를 추징당할 경우

① 사망하거나 해외이주, 그리고 85㎡ 이하 주택 당첨으로 자동해지 될 경우를 제외하고 가입일로부터 5년 이내에 해지할 경우

② 기간에 제한 없이 85㎡를 초과하는 주택에 당첨될 경우

위의 2가지 경우에 해당되면 무주택확인서를 제출한 과세연도 이후에 납입한 금액의 6%를 곱하여 추징한다.

2. 1순위 자격조건 2년이 필요한 경우

'실수요 보호와 단기 투기수요 억제를 통한 주택시장 안정화 방안'에 따라 투기과열지구 및 조정대상지역에서는 기준 납입 횟수가 24회로 늘어난다.

3. 청약제도 개편안

	대상지역	현행		변경
1순위 요건	과열·조정	1년	→	2년
가점제 적용	과열	85㎡ 이하 75% 85㎡ 초과 50%	→	85㎡ 이하 100% 85㎡ 초과 50%
	조정	85㎡ 이하 40% 85㎡ 초과 0%	→	85㎡ 이하 75% 85㎡ 초과 30%
가점제 재당첨제한	전국	없음	→	2년
민영 예비입주자선정	전국	추첨제	→	가점제 우선적용
민간택지 전매제한	지방광역시	없음	→	*6개월

※ 과열: 투기과열지역, 조정: 청약조정지역
*부산 7개 조정대상지역의 경우 1년 6개월 또는 소유권이전등기

4. 가점점수 산정기준표

가점 항목	가점 상한	가점 구분	점수	가점 구분	점수
무주택 기간	32	1년 미만	2	8년 이상~9년 미만	18
		1년 이상~2년 미만	4	9년 이상~10년 미만	20
		2년 이상~3년 미만	6	10년 이상~11년 미만	22
		3년 이상~4년 미만	8	11년 이상~12년 미만	24
		4년 이상~5년 미만	10	12년 이상~13년 미만	26
		5년 이상~6년 미만	12	13년 이상~14년 미만	28
		6년 이상~7년 미만	14	14년 이상~15년 미만	30
		7년 이상~8년 미만	16	15년 이상	32
부양 가족 수	35	0명	5	4명	25
		1명	10	5명	30
		2명	15	6명 이상	35
		3명	20	-	-
입주자저축 가입 기간	17	6월 미만	1	8년 이상~9년 미만	10
		6월 이상~1년 미만	2	9년 이상~10년 미만	11
		1년 이상~2년 미만	3	10년 이상~11년 미만	12
		2년 이상~3년 미만	4	11년 이상~12년 미만	13
		3년 이상~4년 미만	5	12년 이상~13년 미만	14
		4년 이상~5년 미만	6	13년 이상~14년 미만	15
		5년 이상~6년 미만	7	14년 이상~15년 미만	16
		6년 이상~7년 미만	8	15년 이상	17
		7년 이상~8년 미만	9		

PART 03

I N V E S T M E N T

재무설계 사례

맞벌이 부부가 할 수 있는 자산관리 전략은?

INVESTMENT

증가하고 있는 맞벌이 부부, 주요 특징은?

통계청에서 발표한 '2016년 하반기 맞벌이 가구 및 1인 가구 고용현황'을 보면 전체 맞벌이 가구는 533만 1천 가구로 2015년보다 12만 5천 명(2.4%) 증가했다. 맞벌이 가구 비율도 44.9%로 2011년 조사 이후 최대치를 기록했다. 지속되는 경기 불황과 가계소득 감소, 필요한 교육비 및 생활비의 증가가 복합적으로 작용한 결과로 추정된다. 갈수록 증가하는 맞벌이 부부의 올바른 저축 및 투자 방안은 없을까? 먼저 맞벌이 부부의 특징을 알아보자.

우선 맞벌이 부부는 일하는 시간 때문에 가정을 돌볼 시간이 많지 않다. 그마저도 일을 마치고 오면 아이들을 돌보는 시간에 할애되곤 한다. 저축계획을 세워 체계적으로 관리할 수 있는 틈이 없다는 것이다. 두 번째는 높은 소득만큼 지출이 많은 것도 맞벌이 부부의 특징이다. LG경제연구원에서 발표한 보고서에 따르면 '효용 감소를 고려하면 맞벌이 가구 소득은 외벌이보다 거우 15% 높은 수준에 그친다'고 한다. 둘이 벌기 때문에 각각 지출되는 부분을 통제하기가 어려운 것이다.

대한민국 맞벌이 부부의 자산관리 전략

이런 특징들을 고려하여 맞벌이 부부의 자산관리 전략을 소개한다.

첫째, 은퇴준비는 오토리밸런싱을 활용하는 것부터 시작하자. 직장인 필수 금융상품으로 떠오르고 있는 연금저축펀드와 비과세 혜택을 받을 수 있는 변액연금(유니버설적립)보험, 두 상품은 펀드로 투자되는 연금상품으로 여러 펀드에 투자될 수 있는 장점이 있다. 단, 펀드관리가 되지 않는다면 기대수익률이 하락하여 목표로 하는 은퇴자금 마련에 경고등이 켜질 수 있다. 그래서 자산관리에 시간을 할애할 여력이 없는 맞벌이 부부는 두 상품이 가진 오토리밸런싱을 활용하는 것이 좋다. 펀드자동재배분이라고 하는 이 기능은 정해진 주기마다 처음 설정한 펀드의 비율로 다시 원상복구하는 것이다.

5,000만원 적립금 내역				수익률	5,650만원 적립금내역		
펀드	비율	금액			펀드	비율	금액
미국주식	50%	2,500만원	1년 후	20%	미국주식	53%	3000
아시아주식	30%	1,500만원		30%	아시아주식	34.50%	1950
골드투자	20%	1,000만원		-30%	골드투자	12.30%	700

그림1. 오토리밸런싱(Auto Rebalancing)

위의 그림을 보면 1년 뒤 수익이 난 미국주식과 아시아주식을 처음 설정한 비율 50%, 30%로 되돌리기 위해 일부분 매도되고, 자동적으로 손실이 난 골드투자에 저가 매입으로 들어가게 된다. 오토리밸런싱은 1년 주기로 설정하는 것이 좋으며, 주식편입의 비율은 은퇴까지 남은 기간을 고려하여 정하자.

둘째, 목적자금 마련은 위험을 관리하는 펀드를 활용하자. 장기간 지속되는 저금리 기조와 요구되는 목적자금의 갭이 클수록 기대수익률을 높일 수 있는 투자를 하는 것은 필수조건이다. 하지만 기대수익률 증가는 위험의 증가도 동반되기에 함께 관리되는 금융상품을 찾는 것이 중요하다. 예를 들면 다음과 같은 펀드들이 대상이 된다. 삼성한국형TDF펀드는 목표일(Target Date)을 잡고 자동으로 자산배분을 하는 펀드로 각광받고 있으며, 미래에셋배당프리미엄은 주식 포트폴리오 중 일부분을 콜옵션 매도 계약을 체결하는 방어적인 형태의 자산운용을 취하고 있다. 해당 펀드는 설정된 이후 위험과 수익을 잘 관리하는 펀드로 자리 잡았다. 맞벌이 부부의 특징상 여러 개의 금융상품으로 배분하여 관리하는 것은 쉽지 않은 선택이므로, 좋은 펀드를 몇 개 골라 집중 투자하는 것이 더 좋을 수 있다. 잘 키운 딸 하나 열 아들 안 부럽다고 하지 않는가? 펀드 선택은 동일한 수익률 조건이라면 낮은 표준편차(펀드의 위험)를 비교하면서 찾도록 하자. 또한 지출이 통제되지 않는다면 목적자금 마련에 가장 큰 위협이 되므로 맞벌이 부부 중 한 명의 수입을 모두 저축에 활용하고 나머지 한 명의 수입으로 지출을 관리하도록 하자.

셋째, 부부 한쪽의 소득만 가지고 소비하든가, 부부간 함께 쓸 수 있는 소비 통장을 만들어 소비를 통제하자. 자산관리의 핵심은 결국 소비를 이해하는 것이다. 맞벌이는 각자의 소득활동으로 인해 소비 또한 각각 이뤄지는 경우가 많다. 체크카드, 신용카드, 현금을 부부가 각각 사용하다보면 한 달이 지난 이후 어디에 어떻게 썼는지 확인되지 않으며, 저축을 늘릴 계획을 세우기도 어렵다. 소비를 줄이라는 뜻이 아니라, 소비를 공유하고 확인한 다음 이해하자는 것이다. 각자 쓰는 돈 중에 새는 돈도 있을 수 있으며, 비슷한 소비를 하면서 중복되는 생필품을 산 경우도 종종 있을 것이다. 부부 중 한쪽의 소득은 전부 저축하고, 나머지 한쪽의 소득으로만 소비를 해보자. 그 안에서 소비 계획을 세울 수 있을 것이다. 아니면 부부 간 함께 쓸 수 있는 소비 통장을 만들어 여기에 체크카드나 신용카드를 걸어두자. 매월 부부가 사용하는 소비를 한눈에 보면서 패턴을 파악할 수 있을 것이다. 각자가 돈을 벌기 때문에 각자가 돈을 쓰는 것은 이 시대를 살아가는 맞벌이 부부들이 가진 장점이 될 수도 있다. 하지만 자금관리가 선행되지 않으면 부부가 처음 계획했던 인생의 중요한 재무목표가 틀어질 수 있다. 우선적으로 부부 간 대화를 하고 소비계획을 함께 세워 생활해보자. 습관이 되어서 소비를 통제할 수 있다면, 그 뒤에 자유롭게 쓰는 자유를 맞이해도 괜찮다.

사회 초년생,
돈 어떻게 모으나요?

사회 초년생들은 처음 돈을 번다는 기대감으로 돈 관리도 의욕이 앞선다. 미리 은퇴를 준비하기 위해 연금도, 혹시 다치지 않을까 보험도, 수익률에 대한 기대감으로 주식과 펀드도, 주택 마련에 대한 기대감으로 청약도 가입한다. 또한 인터넷으로 이리저리 검색하면서 내 소비패턴과 맞는 신용카드도 처음 발급받아 본다. 남자라면 차 구매를 위해 할부를 알아보며, 여자라면 좀 더 외모를 가꾸고자 옷과 미용, 명품 등 소비에 대한 생각도 조금씩 생기는 시점이기도 하다. 주변의 지인이나 친척들이 찾아와 종신보험의 가입도 권유하기 시작하는 등 정신이 없는 때이다.

첫 단추 잘못 끼우지 말아라

위의 경우대로 한 번 해본다고 가정해보자. 여러 금융상품으로 가입하여 어떻게 돈이 빠져나가는지 모른다. 물론 그 상품들이 무엇인지도 잘 모르고 가입했다. 늘어나는 신용카드 결제 잔액으로 인해 적금들 여유도 없다. 1년이 지난 시점에서 확인해보니 연금보험은 아직 원금도 도달하지 않았고, 젊은 나이에 나가는 종신보험과 보장성 보험료의 금액은 이제 부담으로 다가온다. 친구들에게 잘 보이려고 차를 구매했지만 잘 끌고 다니지도 않고 유지비와 차 보험료에 더해 할부금까지 이제 내 월급에서 차와 관련된 돈이 얼마씩 빠져나가는지 체감된다. 금융회사 추천으로 가입한 펀드 또한 수익률이 마이너스다. 처음 회사에 입사하자마자 의욕적으로 돈을 모으려고 했지만, 청약저축에 매월 10만 원씩 납입한 120만 원이 전부이다. 이제 다음 달 신용카드 결제를 위해 청약도 깨야 할 판국이다. 무엇부터 잘못된 걸까?

목돈부터 만들자

사회 초년생은 앞으로 일할 날들이 많은 만큼, 매월 월급 들어올 날들도 많다. 때문에 급하게 저축을 할 필요가 전혀 없다. 첫 단추를 잘못 끼우면 돌이키는 데 따르는 비용과 시간이 더 크기 때문에 우선적으로 저축 방법과 계획을 먼저 세우고 하는 것이 좋다. 먼저 최소한 1년 간은 월급의 절반을 적금에 넣어 목돈을 만들어보자. 통장에 돈이 얼마 없을 때에는 소비해서 써버리는 경우가 많지만, 목돈의 경우는 다르다. 이 돈을 가지고 여러 가지를 할 수 있는 동기 부여를 주기 때문이다. 학생 때부터 계획했던 유럽 배낭여행이라든지, 앞으로 배우자를 만나서 살 전세자금 용도라든지 목표를 부여하고 이를 달성할 수 있게 만든다. 함부로 쓸 수 없는 돈인 셈이다. 처음부터 연금이니 보험이니 가입해서 돈을 집중하는 걸 막지 말자. 대부분의 기업은 단체보험으로 실손 의료비와 비슷한 보장성보험에 가입되어 있고, 연금은 수많은 상품 중에 어떤 것을 선택하며 어떻게 운용할지 1년간 공부하고 가입해도 늦지 않는다. 신용카드도 매일 쓰면 버릇이 되어 '신용의 굴레'에서 벗어나지 못하게 된다. 월급이 나오자마자 카드회사에서 내 월급을 휙~ 하고 가져가기 때문이다. 소비를 저축하고 남은 돈에서 하는 것이 아니라, 미리 한 달 치 월급이 들어올 것을 계산하고 선결제한 소비가 잘못된 것이다. 요즘 체크카드도 신용카드 못지않게 혜택이 좋으며 소득공제 한도 또한 2배가 되니 연말정산 시에도 도움이 된다.[41]

금융회사니 주변 지인들의 영업 전략에도 흔들리면 안 된다. 보통 금융회사를 가게 되면 첫 월급 이체 통장을 만들면서 이것저것 가입하라고 설명한다. 마치 사회 초년생이 가입해야 할 상품인 것처럼. 책에서 계속 언급한 것처럼 금융상품의 비용을 줄이기 위해서는 인터넷으로 가입하는 것이 좋다. 젊은 사람들은 스마트폰에 익숙하니 우선 케이뱅크나 카카오뱅크의 예적금, 증권회사의 계좌개설 어플을 설치한 뒤 E Class(인터넷 전용) 펀드나 연금에 가입하는 것이 바람직하다. 또한 지인을 통해 종신보험이나 CI 보험 등 사회 초년생에게 불필요

---

41 카드 소득공제는 연 소득의 25% 이상 쓴 금액에서 발생되며, 체크카드와 현금영수증은 30%, 신용카드는 15%이니.

한 상품들에 가입하는 것도 제 살을 깎는 것이다. 정(情)에 사는 한국인이지만, 돈 앞에서는 장사가 없다. 나중에 결혼해서 아이를 낳고 여유가 생기면 그때 지인들에게 가입하는 걸 고려해보는 것이 좋다. 청약의 경우 부모님이랑 같이 살 경우 소득공제 혜택을 받지 못하므로 납부금액을 크게 할 필요는 없다. 반대로 월세나 전세 등 자가가 아닌 곳에서, 등본상 거주지가 부모님하고 다른 곳이라면 청약은 저축 1순위로 금액을 꽉 채우는 것이 바람직하다.

3 30대 후반의 선생님, "은퇴 걱정 안 해도 될 줄 알았어요."

재정적 특징은?

선생님들은 직업적인 특성상 정년까지 안정적인 생활을 할 수가 있다. 임용된 직후에는 급여가 생각만큼 많지는 않지만 적정한 급여 인상의 보장과 더불어 공무원연금이라는 노후보장 제도가 이를 증명한다. 임용기간 중 현금흐름에 대한 관리만 잘한다면 재정적인 문제에 있어 심각한 위기는 맞지 않을 가능성이 크다. 하지만, 최근 연금 제도의 변경으로 인해 공무원연금에 대한 기대가 전보다 많이 낮아졌으며, 은퇴 후 연금 수령 시 연금 소득세와 함께 종합소득세 및 건강보험료 부과에 관한 세금 문제 등 신경 써야 될 부분이 발생한다. 따라서 안정적인 수입에 대한 현금 관리 방법과 은퇴 이후 발생될 세금문제 등 효과적인 재정 관리 방법에 대해 알아둘 필요가 있다.

은퇴 이후 알아두어야 할 세금은?

① 연금소득

공무원연금은 원천징수 이후 종합과세 포함

② 금융소득

- 퇴직위로금(명예퇴직금): 정년 전에 퇴직할 경우(정년까지 최대 10년) 퇴직위로금 발생, 퇴직소득으로 분리과세 후 수령
- 퇴직일시금(퇴직금): 공무원연금에서 일부분 퇴직금 명목으로 일시금 수령, 퇴직소득으로 분리과세 후 수령
- 교원공제: 선생님들이 주로 가입하는 장기저축급여공제 상품. 저율과세로 분리과세 후 수령
- 가종 금융상품: 펀드, ELS, 예적금 등은 이자 및 배당소득세 포함. 현재 연 2,000만 원 초과 시 종합과세 포함

③ 임대소득

현재 연간 2,000만 원 초과 시 종합과세 포함, 건강보험료 인상에 영향

④ 사업 및 근로소득: 종합과세

선생님들의 공통된 고민은 은퇴 후 발생할 세금 부분이다. 공무원연금의 특성상 연금 수령액은 모두 종합과세에 포함된다.[42] 종합과세는

---

42 연 900만 원 이하인 경우 분리과세 선택 가능.

이자, 배당, 사업, 근로, 기타, 연금 등과 합산되어 누진 과세된다. 선생님들은 은퇴 후 일시금(명예퇴직금, 퇴직일시금, 교원공제 일시금, 저축 일시금 등)이 발생되는데 이를 과세되는 금융상품이나 임대 소득으로 운용할 경우 종합소득세가 높아질뿐더러 건강보험료의 인상에도 영향을 줄 수 있다. 물론 현행의 세법에서는 면제되는 부분도 있지만, 향후 상황을 예견해볼 때 세금 증가는 불가피할 것으로 보인다. 이에 선견지명을 가지고 절세 플래닝을 할 필요성이 대두되고 있다.

투자 시 유의점은?

저금리의 지속과 세금의 증가, 연금의 신뢰성 하락으로 인해 미래에 발생될 소득분의 실질적인 가치 하락으로 이를 메우기 위해 공격적인 투자를 하는 경우가 많다. 이는 리스크의 증가와 더불어 잘못된 투자로 인한 손실로 향후 재정전략에 미치게 되는 영향이 커지게 될 수 있다. 올바른 투자란 앞으로 발생하게 될 목적 자금의 형성과 그것을 어떻게 관리할 것인가에 대한 충분한 이해를 바탕으로 진행되어야 한다. 특히 선생님들은 공직사회의 특성상 드러내놓고 투자에 대해서 이야기하지 못하는 경우가 많다. 결국 안정적 소득이라는 이점에도 불구하고 수동적으로 정보를 받아들이는 경우가 많아 투자 방법을 효율적으로 구사하지 못하게 마련이다. 다양한 투자 상품의 이해와 이를 활용하는 방법, 본인의 투자성향과 투자 수용 범위의 파악, 투자관리 방안을 모색하여 적절한 투자관리가 이루어져야 한다.

공무원연금 개편, 은퇴설계는 어떻게 해야 할까?

2016년 1월 1일부로 개정된 연금안이 시행되었습니다.
주요 내용을 살펴보면 다음과 같습니다.

첫 번째_현재 8%인 기준소득월액을 2020년까지 **9%**로 단계적 인상
두 번째_현재 1.878%인 연금지급률을 2035년까지 **1.7%**로 인하
세 번째_1996년 1월 1일 이후 임용자부터 연금지급개시 연령을 **65세**로 단계적 인상
네 번째_매년 소비자물가지수에 따라 연금액을 조정한 것을 현재부터 2020년까지 **5년간** 동결
다섯 번째_연금수령기간 중 부동산 임대소득을 포함한 근로 및 사업소득이 평균연금월액(**231만 원**)을 초과할 경우 연금일부정지

출처: 공무원연금관리공단

은퇴관리는 은퇴 후 행복한 삶을 위해 임용기간 중에 재무적 또는 비재무적 사항을 준비하는 걸 의미한다. 재무적인 상황만 비춰 봐도 선생님들은 누구보다도 더 은퇴준비에서 한 발 앞섰다고 봐도 무방하다. 정년을 마치고 은퇴한 후 공무원연금으로도 충분히 삶을 살 수 있기 때문이다. 하지만 현재 체계의 연금을 과신하는 건 금물이다. 선배들처럼 같은 패턴으로 연금을 받을 것이라는 생각에 안주하기보다는 연금 체계가 변경될 수도 있다는 가정하에 이를 메울 수 있는 방법을 선택해야 한다. 은퇴관리는 그래서 중요하다. 안정적인 소득을 바탕으로 개인연금을 준비해야 할지, 은퇴 후 일시금으로 임대 소득을 창출할지 개개인이 처한 상황에 따라 달라질 수 있고, 이런 부

분에 있어 세금과 투자 설계는 필수적이기 때문이다. 현재 다양한 연금 상품이 시중에서 판매되고 있다. 저축 및 투자 연금상품부터 주택연금까지 여기에 붙는 세제혜택까지도 다양하다. 본인에게 맞는 연금은 무엇인지 파악하고 이를 준비할 전략을 세워보자.

단체보험으로 현재의 위험을, 저축으로 미래의 위험을

리스크(보험) 관리는 살아가면서 겪을 수 있는 위험요소를 분석해 보험의 필요성과 적정성을 파악하고, 적절한 보험상품을 선정하는 과정이다. 특히, 선생님들은 학교 내에서 보장해주는 단체 의료실손 보험이 적용되기 때문에 리스크 관리에 대해 따로 준비할 필요성을 크게 느끼지 못한다. 단체 의료실손 보험은 보장하는 금액이 민영의료실손 보험의 절반에도 미치지 않지만 현재의 위험에 대해 어느 정도 보장이 가능하다. 은퇴 후에는 단체보험이 적용되지 않아 민영보험을 가입하여 위험에 대한 보장을 유지하는 것이 가장 좋은 방법이다. 하지만 은퇴 이후 건강상의 문제나 과거 보험금 청구이력 등의 이유로 보험사에서 거절할 가능성이 크다는 점도 공존한다. 그럼 어떻게 준비하는 것이 좋을까? 은퇴 후에도 안정적인 연금을 받을 수 있는 선생님들은 생활비가 모자라는 일은 별로 없을 것이다. 따라서 은퇴 이후 발생하게 될 위험(질병치료, 간병 등)은 현재 장기 저축을 통해 준비하며, 은퇴와 동시에 민영보험의 가입 여부에 따라 저축한 돈을 활용하면 좋을 것이다. 미래에 발생할 위험 때문에 현재 과다하게 보험을 중복 가입하여 유지할 필요는 없는 것이다.

교원공제회, 계속 유지해야 할까?

한국교직원공제회의 '장기저축급여'는 교직원의 퇴직 후 노후생활 자금 마련을 위한 국내 최장기 상품이며, 현재 금융권의 최고이율 저축성 상품이다. 장기저축급여에 가입하면 공제회 회원 자격이 주어지며, 각종 호텔, 콘도, 병원, 장례식장 할인, 다양한 무상보조금, 회원 대여, 예식장 이용 등 혜택을 누릴 수 있다.

① 저율과세

장기저축급여는 1구좌를 600원으로 최저 3만 원(50구좌)에서 60만 원(1000구좌)까지 자신의 재테크 계획에 따라 매월 일정액을 저축, 노후생활을 대비하는 공제회의 기본 저축상품이다. 장기저축급여 의 이율은 실세금리와 연동해 운영되는 변동금리로 한국은행이 공시하는 신규 취급액 기준 저축성 수신금리보다 높게 운영되고 있다. 더욱이 가입 기간이 길수록 부가금(이자)이 늘어나는 연배율 누진방식으로 장기 가입자에게 더욱 유리하도록 설계됐다.

장기저축급여의 가장 큰 특징은 시중 금융기관의 저축상품과는 달리 별도의 이자소득세 체계가 적용돼 비과세(1998년 12월 31일 이전 가입자) 또는 저율과세(1999년 1월 1일 이후 가입자) 혜택이 있다는 점이다. 세율은 가입기간과 금액에 따라 0~3.83%(주민세 포함, 40년 가입 기준)를 적용, 시중 금융상품의 이자소득세(14%의 이자소득세와 이자소득세의 10%에 해당하는 1.4%의 농특세)보다 유리하다. 또한 장기저축급여의 이자 소득은 금융소득종합과세 대상에서도 제외된다. 이같이 시중 금융기관보다 높은 부가금, 낮은 이자소득세 등의 이점 때문에 현직 교직원 대부분이 장기저축급여에 가입하고 있다. 하지만 시중 금리 변동에 영향을 받기 때문에 가입기간과 가입시기에 따라 적용받는 배율에 대해 지속적으로 확인하여 미래의 유동자금을 탄탄히 해야 한다.

② 가입 혜택

장기저축급여는 전국 국·공·사립의 각급 학교 교직원과 교육행정, 연구기관의 공무원 및 대학병원 임직원, 학교 및 원격 대학 형태의 평생교육시설 교직원이면 누구나 가입할 수 있다. 첫 부담금을 납입하면 회원증이 발급되며 부담금은 매월 급여에서 자동 공제되기 때문에 관리가 쉽다.

은퇴 걱정, 교사도 예외는 아니다

임용된 지 얼마 되지 않은 경우나 근속기간이 10년 정도 되는 대부분의 선생님들은 모두 노후에 대한 걱정을 가지고 있다. 외부에서 바라보는 공무원들의 특징은 안정적이고 공적연금에 비해 수령액이 많은 연금으로 인해 노후에 편안한 삶을 살 거라고 생각한다는 점도 이들에게 소외감을 준다. 보통 사기업에 다니는 경우에는 기업연금(퇴직연금)이 추가되어 있지만, 선생님들은 오로지 개인적으로 부족한 연금을 충당할 방법을 찾아야 한다. 상담에 임한 선생님의 경우 늦게 임용되어 또래의 친구들에 비해 연봉이 높지가 않았다. 또한 임용된 지 얼마 되지 않은 시점에서 연금 개편이 되어 미래에 대한 불안감도 엄습했다. 주변에서는 부럽다고 난리가 아닌데 정작 본인은 미래에 대한 불안감에 휩쓸리고 있다. 오랜 기간 교직생활을 할 경우 은퇴 이후 무슨 일을 할 수 있을지, 앞으로 정년까지 연금 개편은 얼마나 또 있을지, 과거에 비해 많이 추락한 교권으로 인해 업무의 강도 또한 사기업 못지않아 언제까지 교직에 있을지도 여러 가지 고민거리가 생겼다. 임용되기 전에는 노후 걱정은 할 필요가 없다고 생각했는데, 뚜렷한 방법이 없이 보인다.

개인형 IRP로 노후를 책임져라

임용되면 가입하는 것이 대부분 교원공제회의 장기저축급여 상품이다. 대부분의 선생님이 구좌는 다르지만 계좌는 모두 가지고 있다. 미래를 위한 퇴직금이라고 생각하여 월급이 나오면 바로 빠져나가므로 마치 공적연금처럼 생각하는 경우가 많다. 과연 장기저축급여는 확실하게 노후를 책임질 수 있는 상품인가? 우선 저금리 기조 지속으로 인해 과거에 비해 떨어진 금리로 수령받는 금액이 크게 줄어들었다. 공무원의 특징상 정년이 보장되어 있기 때문에 장기근속은 곧 장기 투자를 할 수 있는 여건을 만들어준다. 장기 투자의 경우 역사적으로 가장 수익률이 높은 곳이 인덱스(주가지수)였기 때문에 자산 배분을 통해 장기 수익률을 끌어올리는 노력을 해야 한다. 가장 효과적인 방법은 개인형 퇴직연금 계좌(IRP)를 개설하여 수익률과 세액공제 혜택 두 마리를 동시에 가져가는 것이다. 과거에는 사기업에 다니는 회사원만 추가적으로 가입할 수 있었지만, 제도 개편으로 공무원, 개인사업자 등 소득이 있는 누구나 가입이 가능하도록 열려 있다. 연간 최대 700만 원까지 납입이 가능하며 총 급여가 5,500만 원 이하인 경우 납입금액의 16.5%인 115.5만 원까지 돌려받을 수 있다.[43] 선생님들의 특징은 임용된 지 오래되지 않을 경우 소득이 높지 않기 때문에 개인형 IRP의 세액공제 혜택을 누리는 것이 좋다. 장기저축급여가 월 최대 60만 원(1년에 720만 원) 불입이 가능하다는 점에서 개인형 IRP로의 전환이 좀 더 유리해 보인다.

20~30년 동안 받는 세액공제의 금액과 1%라도 더 높은 수익률로 운용되는 적립액에서 차이나는 연금 수령액은 그 무엇과도 비교할 수 없다.

---

43   근로소득이 5,500만 원 초과의 경우 13.2%를 세액공제 한다. 사업자의 경우 종합소득금액을 4천만 원 세액이마 ㅗㅗ ㅏㄷ 공난사이 세에공제를 한다.

4

47세 회사원,
"10년 남은 정년 어떻게 준비할까요?"

은퇴자금 준비 현황		
연금펀드	2,000	납입원금 1800, 5년, 채권혼합 / 연 400만 원 납입
국내주식	1,000	코스닥 소형주
예금	3,000	만기 1년
수시입출금	3,000	어디에 할지 모르는 자금
기타	2,000	아이 대학자금 용도
	2,000	비상예비자금

47세 회사원의 은퇴준비 현황이다.

당신이라면 어떻게 은퇴설계를 할 것인가?

대부분의 사람은 금융상품에 대해 다 알고 가입하지는 않는다. 그
도 그럴 것이 상품이 너무 많다. 연금만 하더라도 세제적격연금, 세제
비적격연금, 월지급식펀드, 즉시연금, 확정급여형퇴직연금, 확정기여형
퇴직연금, 개인형 IRP, 주택연금 등 큰 범주도 이 정도이다. 여기에 세
부적인 금융상품들로 따지면 대한민국에 연금 상품만 1,000개는 족
히 넘을 것이다. 그렇다면 이 많은 금융상품을 다 이해해야 내게 맞

는 은퇴설계를 할 수 있겠는데 가히 쉽지 않은 일이다. 그래도 큰 범주에서의 특징들만 이해한다면, 조금은 금융상품을 가지고 놀 수 있을 것이다.

금융상품 간 결합을 통한 연금 적립금 늘리기

① 먼저 수시 입출금에 있는 통장부터 활용하자. 딱히 노후에 쓸 거라고 연금 상품만 고집할 필요는 없다. 3,000만 원의 은퇴 자금은 2017년 12월 일몰될 비과세 해외펀드로 준비를 한다. 처음부터 모두 투자하지 않고 펀드를 분산하여 펀드 수익률이 조정될 때마다 납입하는 것으로 투자 계획을 세운다. 펀드의 경우 한 번 선택하면 2018년부터는 변경할 수 없으니 선진국, 신흥국, 업종 펀드로 분산해서 납입하고, 최대 10년간 유지하되 9년 차부터 조금씩 수익을 실현한다.

② 예금도 당장은 이율이 낮아 1년간 기다리는 것보다는 은퇴 자금도 모으고 세제혜택도 받을 수 있는 개인형 IRP를 준비해서 납입한다. 1년에 최대 700만 원까지 세액공제 혜택을 준다. 연금저축계좌와 세제혜택을 공유하니 전략을 세워서 불입하는 것이 좋다.[44]

---

44 연금저축은 400만 원 한도, 개인형IRP는 700만 원 한도로 둘을 합쳐 총 700만 원 한도로 세제혜택을 공유한다. 예를 들어 연금저축에 400만 원, 개인형IRP에 300만 원을 납입하면 총 700만 원을 받는다. 반면 연금저축에 400만 원, 개인형IRP 700만 원을 불입하면 600만 원밖에 세제혜택을 받지 못한다.

③ 연금펀드는 국내 채권혼합 펀드 하나로만 선택해서 납입을 해왔다. 5년간 약 11%의 누적수익률을 보이고 있고, 연평균 2% 조금 넘는 수익률로 시중금리 정도 수준이라 변경이 필요해 보인다. 최근 1년간은 국내 주식의 성장으로 수익률을 냈지만, 반대로 1년 6개월간 채권에서 수익률을 다 상쇄했다. 연금펀드 종류는 약 200개 정도 되니 국내뿐만 아니라 해외 자산을 섞어 분산 투자를 하는 것이 좋다.

④ 국내 주식을 선택한 이유는 대부분 자금이 이율이 낮은 은행에 묶어 있어서 공격적인 운용을 하고자 한 것이다. 결국 성과는 만족스럽지 못한 편이며, 언제든지 투자처를 변경할 준비가 되어 있었다. 장기 경제성장률이 떨어지는 우리나라보다는 미국 주식시장에 상장된 신흥국과 4차산업ETF로 포트폴리오를 변경한다. 개인이 준비한 은퇴자금이 너무 공격적이다. 과연 공격적이라고 할 수 있을까? 국민연금은 물가 상승률이 상승한 만큼 주므로 기본적으로 화폐가치가 유지된 원금만 받을 수 있다. 눈에 보이는 수익률은 없다는 뜻이다. 회사에서 가입된 퇴직연금도 확정급여형(DB)이라 원금에 손실을 보게 되면 회사가 책임을 져야 하기 때문에 대부분 원금이 보장되지만 수익이 낮은 상품에 투자된다. 아마 물가 상승률이 높아진다면 확정급여형은 화폐가치가 유지되기 어려울 수 있다. 그럼 국민연금과 퇴직연금은 기본적으로 안정적인 은퇴자금이다. 개인이 준비하는 연금은 좀 더 공격적으로 하는 것이 총 연금 포트폴리오에서 밸런스가 맞는다.

⑤ 금융상품 결합 플랜: 은퇴 전에 마련된 연금으로 받을 수 있는

상품은 연금저축계좌와 개인형 IRP가 있다. 먼저 미국ETF를 수익실현하고 개인형 IRP에 추가 납입한다. 1년에 총 1,800만 원까지 납입할 수 있기에 한도가 다 찼다면 이듬해에 바로 추가 납입을 하여 사용한다. 이 작업은 은퇴 후 하는 것이 아닌 은퇴 2~3년을 남겨 두고 하는 것이 좋다. 이유는 비과세해외펀드의 만기가 다가와 이 자금도 추가 납입을 해야 하기 때문이다. 해당 자금은 연금저축계좌에 추가 납입하자. 마찬가지로 1,800만 원까지 납입이 가능하며 납입 한도는 개인형 IRP와 공유한다. 그럼 왜 2개의 연금계좌로 나눠놨을까?

은퇴설계 적립도 중요하지만 인출이 더 중요하다

① 소득 공백기

개인연금 상품에 가입한다고 은퇴 준비가 끝이 아니다. 준비된 연금 자금으로 은퇴 생활에 맞게 꺼내 쓰는 일이 더 중요하다. 보통 55~57세에 은퇴를 하면 국민연금이 지급되는 날까지 8~10년 정도 남는다. 물론 재취업에 성공하거나 전문직으로 일을 지속한다면 큰 문제는 생기지 않겠지만, 그렇지 않다면 재정적으로 문제가 생기게 된다. 매달 들어온 월급이 끊기게 되어 생활을 할 수 없기 때문이다. 이 시기를 '소득 공백기'라 한다. 이 기간을 준비하지 못할 경우 국민연금을 조기 수령하는 경우가 생긴다. 이 경우 최대 수령액의 30%가 깎여서 지급이 되기 때문에 푼돈도 아까운 노후를 준비해 조기 수령하는 일은 없도록 하자.

은퇴 후 회사에서 쌓아주던 퇴직연금을 개인형 IRP로 이전해주기 때문에 보통 연금저축계좌보다 IRP의 자금이 더 많다. 이 중 금액이 적은 연금저축계좌의 연금개시를 시작하여 생활하도록 하자. 이 기간에는 연금저축계좌로만 살 수 없으니 재취업할 수 있는 시간벌기용으로 생각하면 된다. 최소 10년간은 연금으로 받아야 하니 적립금이 많다면 10년 이상을, 적다면 10년 정도만 받으면서 남은 노후생활을 준비하자.

② 의료비 & 간병비

살 만큼 살다가 원하는 날에 하늘로 떠나면 얼마나 좋을까? 사람인지라 죽는 그날까지 병들어 아프고 고생하다가 하늘로 떠나는 것이 보통의 인생이다. 통계청에서 발표한 '2016년 생명표'에 따르면 질병이나 사고를 당하지 않고 건강하게 살 수 있는 남녀의 기대수명은 각각 64.7세, 65.2세로 조사됐다. 이후 남자는 14.6년을, 여자는 20.2년 동안 병을 안고 살아간다. 부부간의 나이 차이도 고려하면 아내가 남편을 간호하는 경우가 많을 것이다. 이 기간을 위한 자금들은 어떻게 준비할 것인가? 대부분 연금을 준비할 때에는 생활비 정도만 생각하고 준비했지만, 특정 시점부터 병원비가 많이 들어가면 계획했던 은퇴 설계가 물거품이 될 수 있다. 이 기간을 위해 소득활동기간 동안 의료비(간병비) 준비 자금을 장기로 적립하는 것이 바람직하며 은퇴자금 중 일부분을 빼놓는 것이 좋다. 하지만 2가지 의문점이 들 수 있다. 국가의 혜택도 있을 테고, 미리 가입해둔 보험도 있지 않을까?

앞으로 10년 뒤 우리나라는 초고령 사회(65세 이상 인구가 전체 20% 이상)에 진입한다. 현재도 OECD 국가 가운데 노인 빈곤율이 49.6%로 OECD 평균 12.6%보다 굉장히 높다.[45] 저출산이 지속되는 상황에서 부양할 인구가 많아지면, 국가의 재정은 부족 현상에 처해질 수 있다. 미래를 부정적으로 볼 필요는 없으나, 각종 미래 예측 데이터는 우리나라의 암울한 미래를 그리고 있다. 일부분은 개인이 준비할 필요성이 있는 것이다. 보험의 경우도 폭넓게 보장해주는 것이 실손 의료비이다. 실손 의료비가 갱신형 구조라 미래에 많은 보험 가입자들이 보험금을 청구하면 보험회사의 손해율이 커진다. 납입하는 실손 의료비 보험도 부담으로 다가올 수 있는 것이다. 실손 의료비의 보험금을 받기 위해서는 보험료를 납입할 자금과 병원비를 납입할 자금이 함께 있어야 가능하다. 과연 넋 놓고 바라볼 문제인가.

45 출처: OECD Income Distribution and Poverty Data(2019)

대출금리
어떤 게 유리한가?

공시일	잔액 기준 COFIX	신규취급액 기준 COFIX
2017/12/15	1.66	1.77
2017/11/15	1.62	1.62
2017/10/16	1.61	1.52
2017/09/15	1.59	1.47
2017/08/16	1.59	1.47
2017/07/17	1.58	1.48
2017/06/15	1.58	1.47
2017/05/15	1.59	1.46
2017/04/17	1.60	1.48
2017/03/15	1.60	1.48
2017/02/15	1.61	1.50
2017/01/16	1.62	1.56

출처: 은행연합회

기준금리가 인상되면서 대출금리의 기준이 되는 코픽스 금리도 상
승했다. 그중에서 가장 반응이 빠른 신규취급액 기준 코픽스 금리가
올라서 잔액 기준 코픽스 금리를 뛰어넘었다.

각 금융기관은 KORIBOR, COFIX, 중금채 수익률 등을 기준금리
로 사용하는데 주택 담보대출의 기준이 되는 COFIX는 그 무엇보다

중요하다. 코픽스는 자금조달비용지수(Cost of Fund Index)라고 불리며, 8개 정보제공은행들이 조달한 지수 산출 대상 자금을 기준으로 매월 15일 15시 이후에 은행연합회 홈페이지에 게재된다. 크게 2가지로 나뉘는데 처음 대출을 받는 사람은 신규취급액 기준의 코픽스 금리를 적용받고, 이후 시간이 지나면 잔액 기준 코픽스 금리를 적용받는다.

- 신규취급액 기준은: 월중 신규로 조달한 지수 산출 대상 자금에 적용된 금리의 가중평균 지수로 3~6개월 연동되며 잔액이 적어서 금리 변동에 바로 반응을 하는 편이다. 지금까지 금리 인하기에는 신규취급액이 유리했다.
- 잔액기준은: 월말 지수 산출 대상 자금조달 잔액에 적용된 금리의 가중평균 지수로 6~12개월 연동한다. 지금까지 대출해준 잔액을 기준으로 하여 신규보다 금리에 반응이 느린 편이다. 이 두 개가 주택 담보대출금리를 결정하는 요인들이다.

대출 금리는 크게 기준금리에 더해지는 가산금리로 구성된다. 가산금리는 취급원가(대출 취급에 사용되는 업무비용 및 세금), 신용원가(차주별 신용위험원가와 자본비용)와 은행의 상품 이익이 포함되어 반영되므로 은행마다 차이가 있다. 기준금리는 고객이 어떻게 할 수 있는 부분은 아니기에 은행의 금리별 차이와 우대금리를 적용받을 수 있는 곳을 찾는 것이 현명한 방법이다.

대출 금리의 구성요소
기준금리+취급원가+신용원가+상품이익-(우대금리): 최종대출금리 국내 기준금리가 미국이 올린다고 빠르게 올릴 상황이 아니라 완만하게 움직인다면 아직까지는 변동금리가 유리하지만, 반대인 경우에는 고정이 유리하다. 단, 대출 상환기간이 3년 이상을 넘어간다면 금리의 리스크는 커질 수 있으므로 고정이 바람직하다. 물론 고정금리가 당장 보이는 금리는 변동금리보다 더 비싸다. 그래서 신규 대출자 중에 일부는 우선 변동금리로 대출을 받으며 이자의 부담을 줄인 뒤 나중에 고정금리로 갈아타는 방법을 쓸 수도 있다. 여기에서는 중도상환 수수료도 고려를 해야 한다. 결국 꼼꼼히 상환 계획을 세운 뒤 대출금리 상환 방법을 선택하는 것이 현명하다.

변동금리를 선택한다면 신규 기준 코픽스 금리와 잔액 기준 코픽스 금리 중 하나를 선택할 수 있다. 국내 경제를 감안한다면 금리는 빠르게 올릴 수 있는 상황은 절대 아니다. 하지만 앞서 말한 것처럼 국내외 경제여건을 감안했을 때 금리를 올릴 수밖에 없는 상황이 온다면 신규 기준 코픽스 금리가 더 빨리 반응하여 대출상환 부담금이 커지기 때문에 이 경우를 고려하면 잔액 기준 코픽스 금리를 선택하는 것이 현명하다. 당장은 신규가 잔액을 앞섰기 때문에 변동금리는 잔액 기준 코픽스 금리를 선택하자.

INVESTMENT

부록 1

즐겨찾기 해두면 좋은 사이트

1.금융소비자 정보 포털 '파인(fine.fss.or.kr)'

금융감독원에서 만든 종합 금융정보 포털이다. 은행·카드·보험·증권·연금저축·대출·신용정보 등 많은 정보를 조회할 수 있고, 간단한 개인정보를 입력하면 내가 가입한 각종 금융상품 내역을 한눈에 볼 수 있다. 또한 일상 금융생활에서 알아두면 유익한 금융정보 200가지를 알기 쉽게 정리한 '금융꿀팁 200선(fine.fss.or.kr/fine/tip/tip.jsp)'도 함께 즐겨찾기 해두자.

2. 미래에셋은퇴연구소(retirement.miraeasset.com)

은퇴 관련 자료를 볼 수 있는 가장 좋은 사이트 중 하나이다. 특히 상단의 연구 보고서는 전문가들이 집필한 내용을 모아 놓은 것으로 은퇴설계의 지식을 한층 더 업그레이드할 수 있을 것이다.

3. 한국FP협회(www.fpkorea.com)

국제공인재무설계사(CFP), 한국공인재무설계사(AFPK)를 위해 만든 사이트로 일반인들도 볼 수 있는 칼럼이 실려 있다. 현장에서 재무설계를 하는 현직 재무설계사와 각 금융사의 전문가들이 매월 집필하여 올리고 있다. 고객의 목소리를 가장 가까이에서 듣는 전문가들이 알려주는 노하우를 알아보자.

4. 국제금융센터(www.kcif.or.kr)

전 세계 금융시장의 정보를 한곳에서 볼 수 있다. 회원 가입하여 메일로 정보 수신을 승인하면 금융 속보를 매일 받아볼 수 있다. 메일을 수신하라.

5. KB부동산(nland.kbstar.com)

각종 부동산 정보가 난무하는 요즘, 정확한 정보는 투자의 생사를 가르는 결정타이다. KB국민은행에서 만든 이 사이트는 객관적인 부동산의 소식과 정보를 전해준다. 상단의 부동산정보에서 뉴스와 통계정보를 주로 살펴보자.

6. 펀드닥터(funddoctor.co.kr)

각종 펀드·ETF·변액 등의 자료를 볼 수 있을 뿐만 아니라, 메일링 서비스를 하면 주간 단위로 국내외 경제 시황에 따라 움직인 펀드의 수익률을 확인할 수 있다. 펀드의 정보는 모닝스타코리아(morningstar. co.kr)와 펀드슈퍼마켓(fundsupermarket.co.kr)에서도 확인이 가능하다.

7. 뉴스1 Global

인터넷 포털사이트보다 인터페이스가 잘되어 있어 보기 편한 애플리케이션(APP)을 다운받아 보는 것을 추천한다. 미국·유럽·중국·일본·

이머징시장 등 지역별뿐만 아니라 주식·금리·환율·원자재 등 각종 투자에 지침이 되는 지표들을 분류 항목별로 확인할 수 있는 장점을 가지고 있다. 날짜별로 나오기 때문에 현재의 시장 흐름을 읽는 데 탁월한 소식통이다.

8. 블룸버그, NBC, 로이터, 파이낸셜타임즈

애플리케이션을 얘기했으니 좀 더 추가해본다. 위의 APP을 다운받아서 알림을 승인하면 전 세계에서 일어나는 사건을 실시간으로 확인할 수 있다. 아침에 자고 일어나면 지구촌에서 발생한 중요 사건을 알려주니 얼마나 좋은가?

9. 생명보험협회 공시실(pub.insure.or.kr)

홈페이지 상단의 '상품비교'를 통해 다양한 생명보험상품을 비교해 보자.

10. ELS(주가연계증권) 비교 사이트

ELS는 증권사의 신용도를 바탕으로 발행되며, 상품의 조건도 매주 바뀌면서 나오기 때문에 모든 증권사를 비교하면서 확인할 필요가 있다. All That ELS와 ELS 리서치라는 사이트에서는 주요 증권사의 ELS를 한눈에 비교하여 보여준다.

INVESTMENT

하우스푸어에 대한 재무설계 사례연구[46]

하우스푸어는 주택을 소유함에도 불구하고 가처분소득 가운데 주택관련 대출로 인한 원리금 상환에 큰 비용이 들어 가계재정 유지에 어려움을 겪는 가구를 의미한다. 최근 가계부채의 급격한 증가가 주요한 경제문제로 대두되고 있는 것으로 볼 때 하우스푸어 문제가 상당히 심각한 수준일 것으로 추측되고 있다. 본 연구에서는 주택관련 대출로 인하여 심각한 고통을 겪고 있는 하우스푸어의 재무설계 사례를 제시한다. 본 사례에서의 고객은 고소득임에도 불구하고 매월 주택관련 대출 상환문제와 함께 생활비, 교육비, 양육비 등으로 월 소득이 적자인 상황에서 고통스럽게 생활하고 있었다. 본 재무설계 사례에서는 실행가능한 재무 솔루션을 통해 합의점을 찾고, 지속적인 모니터링을 통해 주택관련 부채에서 해방되어 궁극적으로 하우스푸어를 벗어나게 되는 과정을 제시하고 있다.

※핵심단어: 주택담보대출, 하우스푸어, 부채상담, 재무설계, 가계부채

46 본 재무설계 사례는 한국FP협회와 FP학회가 주관하는 2017년 Best Financial Planning Contest의 우수상 수상작으로 수상사례를 일부 수정하여 작성한 것임.
47 ㈜곧은자산관리 CFP, E-mail: passioncmj@naver.com

I. 재무설계 상담 배경

하우스푸어는 월 소득 중 세금을 제외한 가처분소득 가운데 주택 담보대출로 인한 원리금 상환에 큰 비용이 들어 가계 재정 유지에 어려움을 겪는 가구를 말한다. 하우스푸어의 양산 배경은 과거 15년 전으로 돌아간다. 2002년부터 2006년 말에는 부동산 규제정책에도 주택 가격이 날로 치솟았다. 2005년 하반기부터 기준금리를 인상하면서 주택 구입에 필요한 조달자금이 증가했고, 2008년 9월 글로벌 금융위기가 발생하면서, 국내 주택 가격 침체에 영향을 끼친 것이 원인이다. 2000년대 중반 무리한 대출로 하우스푸어가 된 가구의 특징을 살펴보면 소득 5분위 계층이 가장 큰 비중을 차지한다. 본 연구는 소득 5분위의 계층으로 종합재무상담 중 부채상담을 진행하면서 하우스푸어를 탈출하게 된 사례를 소개한다.

II. 재무설계 과정

2.1 고객과의 관계 정립

2013년, 일반인에게 진행하는 재무설계 강의를 통해 수강생으로 만나게 됐다. 진지한 태도로 강의에 집중하는 모습이 아직도 인상 깊다. 강의 직후 질문을 통해 고객과 파이낸셜 플래너로서 첫 만남을 가지게 됐다. "재무설계를 받으면 보험에 가입해야 합니까?" 이전 경험이 있던 고객은 보험 판매 수단으로서 재무설계를 인지한 상태였다. 예상 밖의 질문이지만 대중이 인식하는 재무설계는 보험 가입이라는 현실에서 벗어나지 못한 느낌을 받았다. 간혹 대중매체와 금융회사에서 홍보하는 재무설계는 금융상품이나 보험상품 가입을 권유하는 도구로써 사용된다는 점도 아쉬움으로 남았다. 파이낸셜 플래너로서 남겨진 숙제라 생각하며, CFP(국제공인재무설계사)의 직업윤리와 하는 일을 소개했다. 특히, 6단계 프로세스에 관해 설명하면서 재무설계는 단계별로 진행될수록 어느 한쪽이 일방으로 이끌어가는 것이 아닌 서로 책임을 갖고 이루어지는 일련의 과정이라 강조했다.

표1 고객정보

성 명	출생년도	나이/성별	직업	관계
김OO	1972년	41세/남	연구원	본인
이OO	1972년	41세/남	주부	배우자
김OO	2001년	12세/남	초등학생	자녀
김OO	2004년	9세/여	초등학생	자녀

2.2 재무목표 설정 및 고객에 관한 자료 수집

초회 상담을 통해 알게 된 고객은 IT 계열 연구소에 재직 중인 40대 초반의 선임연구원이다. 억대의 연봉을 받고 있으며, 박사학위를 두 개나 가지고 있다. 2007년 거주하는 아파트를 매입하여 연봉의 3배 이상 되는 부채를 가지고 있고, 연로하신 부모님의 부양비와 부채 원리금 상환비, 자녀 교육비로 인해 가계 재정의 어려움을 겪고 있다.

연봉보다 씀씀이는 검소한 편이다. 10년이 넘은 연식의 SUV를 타고 있으며, 불필요한 과소비도 눈에 띄게 없다. 다만 고객과 배우자 모두 가난한 어린 시절로 인해 배움만이 성공의 지름길이라는 가치관이 확고해서 자녀의 교육비로 많은 지출이 발생했다. 그리고 아무것도 없이 결혼한 상태에서 월세와 전세를 전전하며 힘들던 기억 때문에 자가 주택에 대한 강한 의지가 보였다.

주택담보 대출로 인한 대출 원리금 상환으로 자녀 교육비·가계 생활비·부모님 부양비가 부담이고, 주택을 매입한 이후 저축을 할 수 없는 상황이다. 자가 주택을 포기하고 교육비를 축소하면 되는 간단한 문제처럼 보이지만, 고객이 가지고 있는 가치관에 정면으로 어긋나기에 최대한 존중하면서 현실에 맞게 조율하는 방법에 초점을 두고 상담을 진행하기로 했다. 이런 상황에서 노후 준비나 목적자금 마련 등 중장기적인 플랜은 당장의 고려 사항이 아니라는 것을 고객도 알고 있으며, 오히려 재무설계안의 실현 가능성을 낮추는 요소로 판단하여 차후에 다루기로 하였다.

고객은 대기업과 협력과제를 공동연구하고 그 과제를 해결함으로써 성과급을 받는 일을 했고, 기본 급여는 500~600만 원 정도로 고정적인 급여를 받았다. 성과급은 팀의 연구개발 시 자신의 기여도로 평가되고, 통상 3개월마다 1,000만 원에서 3,000만 원 정도를 받았다.

자료 수집 단계에서 고객은 갑작스러운 업체 미팅으로 올 수 없는 상황이라 배우자 분과 1차 상담을 하게 됐다. 아무것도 없이 결혼 생활을 시작하여 억대 연봉에 이르기까지 정말 열심히 공부하고 일에 빠져 살다시피 했다는 말을 꺼냈다. 최선을 다해 뒷바라지했으며 분당에 입성하는 날 같이 끌어안고 울었다는 말을 하며 끝내 눈물을 보였다. 무일푼의 답답한 생활에서 억대 연봉까지 상승했는데 그때보다 마음이 좋아진 게 없다는 것과 오히려 대출의 부담으로 상당히 힘들다는 것이다. 또한, 생활비를 아껴 씀에도 불구하고 매번 마이너스 나는 것에 대해 가정주부로서 돈 관리를 못 하는 것이 아닌가 하는 무능함을 느꼈다고 했다. 상담을 진행하면서 부부의 철학이나 가치관에 대해서 존중하며, 파이낸셜 플래너로서 대안을 찾을 방법을 정리했다.

첫째, 부부 모두 가난한 어린 시절로 인해 배움만이 성공의 지름길이라는 확고한 가치관이 정립되어 있다. 자녀의 성공도 배움에서 시작된다고 믿고 현금흐름에서 무리한 교육비 지출이 이루어지고 있다.

둘째, 부부는 오랜 기간 월세와 전세를 전전하며 힘든 생활을 했다. 내 집은 꼭 있어야 한다는 강한 의지가 있다.

셋째, 2000년식 자가용을 타고 다니는 등 씀씀이는 검소한 편이다. 다만, 부모님에 대한 지원을 지속해서 하는 것 이외에도 목돈을 몇 번 드리며 신용대출이 증가하는 모습을 보였다.

넷째, 대출 상환에 대한 문제가 자녀교육비와 가계 생활비, 그리고 부모님 봉양 지원비까지 연결되어 있어 심적 부담을 가중하고 있다. 이는 추가 대출을 위해 은행에 가는 것에 대한 부끄러움과 대출 거절에 대한 공포감이 동시에 나타나는 점이라고 언급했다.

다섯째, 집을 매입한 2007년 이후 저축을 한 번도 하지 못했고, 적금에 가입하여 통장에 플러스가 되어가는 모습을 보고 싶어 했다.

힘들게 고생을 하며 올라온 현실에서 떨어지지 않기 위해 고통을 감내하는 모습을 보였다. 또한, 과거 경험으로부터 쌓인 가치관이 변화가 주는 재무적인 이점을 가리고 있다. 고객의 상처가 곪도록 놔두지 않고 빨리 치료할 수 있는 대안을 모색하는 것이 시급했다. 우선 대출이라는 현실의 벽을 낮추는 데 초점을 맞춰서 진행하는 것이 부부의 재무 고민을 덜어주는 것으로 생각했다. 노후준비와 목적 자금 마련 등 장기적인 계획은 부채 문제가 해결한 뒤에 진행하는 것으로 고객과 합의를 했다.

2.3 고객의 재무상태 분석 및 평가(하우스푸어 평가)

표2 컨설팅 전 재무상태표 [단위: 만 원]

자 산			부채 및 순자산		
항 목	금 액	%	항 목	금 액	%
금융자산	2,700	7.5	사내노조대출, 1년	2,000	5.7
부동산	36,000	92.5	신용대출, 5년	8,000	22.7
			주택담보대출, 15년	23,200	65.7
			주택담보대출, 30년	2,100	5.9
			순자산	3,400	
합계	38,700	100	합계	35,300	100

2.3.1 재무상태표 분석 및 평가

첫째, 총부채 부담지표(총부채/총자산=40% 이하): 고객의 비율은 91.2%로 매우 심각한 불균형적인 상태를 보인다. 금융자산도 장기보험에 묶여 있어 비상자금이 전혀 없는 상황이다.

둘째, 거주 주택마련부채부담지표(거주주택마련 부채 잔액/총자산=30% 이하): 고객의 비율은 65.3%로 부채 대부분이 부동산에 집중되어 있으며, 만일 부동산 가격 하락 시 레버리지로 인한 자산 감소가 심각해 보일 수 있다.

당장 현금화할 수 있는 자산보다 부동산 자산이 전부인 상태이다. 이전에 받은 재무설계로 인해 가입한 공시이율 연금보험이 유일한 저축이다. 원금 대비 104%인 2,700만 원이 적립금으로 쌓여 있다. 의지대로 가입한 금융상품이 아니라 매월 빠져나가는 지출이라고 생각하고 있다. 현금흐름표 작성 시 고객의 의사를 반영하며 저축 항목에서 제외하고 고정지출 항목인 보험료로 포함했다.

표3 컨설팅 전 현금흐름표 [단위: 만 원]

유 입					유 출				
항목	매월	연중	합계	%	항목	매월	연중	합계	%
근로소득 (고정)	550		6,600	57	저축 및 투자	0			0
근로소득 (상여금)		5,000	5,000	43	현금성 저축				
					채권형 투자				
					혼합형 투자				
					주식형 투자				
					고정 지출	632		8,394	57.6
					대출 원리금	506		6,072	41.7
					월세 (연구보조인력)	35		420	2.9
					보험료	91		1,902	13
					변동 지출	516		6,192	42.4
					생활비	150		1,800	12.3
					자녀교육비	250		3,000	20.5
					대학원비	66		792	5.4
					기타 (부모님용돈)	50		600	4.2
					잉여자금/ 미파악 지출				
합계	550	5,000	11,600	100	합계	1,148	0	14,586	100

2.3.2 현금흐름표 분석 및 평가

첫째, 총부채 상환지표(총부채 상환액/총소득=30% 이하): 고객의 비율은 52.3%로 적지 않은 소득에 비해 많은 부분이 대출상환금으로 지출하고 있어 현금흐름에 문제가 있다. 부채 상환으로 보험료 납부를 제외한 나머지 저축을 할 수 없는 상황이다. 또한, 향후 자녀가 고학년으로 진학할 시 교육비 규모가 커지는 문제도 야기될 수 있다.

둘째, 소비생활 부채 상환지표(소비생활 부채 상환액/총소득=10% 이하): 고객의 비율은 22.3%로 소득의 많은 부분이 대출상환금으로 지출되고 있으며, 부족한 생활비는 추가적인 대출을 통해 마련하는 악순환을 겪고 있다.

셋째, 거주 주택마련부채 상환지표(거주주택마련부채 상환액/총소득=20% 이하): 고객의 비율은 30%로 가이드라인에서 제시한 금액보다 다소 많지만, 지속해서 갚아 나아가야 하는 부분과 자산 대비 많은 부채 비율로 현금흐름에서 가장 위험한 부분을 차지하고 있다. (양세정 외 3인, 2013)

표4 하우스푸어 기준 및 평가

재무적 위험	판단지표	평가
유동성 위험 (Flow 측면)	DSR(Debt Service Ratio): 소득 대비 원리금 상환 비율 - 소득: 월 평균 가처분소득 - 원리금상환액: 월평균 지급이자+원금분할상환액	52.3%
파산 위험 (Stock 측면)	LTA(Loan To Asset): 자산 대비 부채 비율 - 자산: 부동산평가액+순금융자산 - 부채: 주택담보대출	① 104.1% ② 65.3%

2.3.3 하우스푸어 분석 및 평가

첫째, DSR≥40%이고, LTA>100%일 경우, 부실 가능성이 높은 하우스푸어로 볼 수 있는데, 부동산 평가액을 60%(①), 100%(②)로 구분한다.

부동산 평가액을 조사가격의 60%로 본다는 것은 실제 처분 과정에서 조사가격보다 낮은 수준에서 매각되거나, 경매 처분될 경우를 가정하는 보수적 가정이다. 또한, 부동산이 조사가격 수준에서 처분될 수 있다 하더라도, 부동산 처분대금의 일부는 전세 임차 등의 형태로 거처를 확보하는 데 사용하는 것을 고려한 것이다.

부동산 평가액을 조사가격의 100%로 보는 것은 부동산을 조사가격 수준에서 제대로 처분하더라도 그 100%를 전액 부채 상환에 사용한다는 가정이다. 즉 해당 가구의 최소한 거처 마련을 위한 금전조차 고려하지 않고, 모든 자산을 부채 상환에 사용한다는 강한 가정이다. (이종권 외 3인, 2013, 3p)

둘째, 고객의 경우는 하우스푸어로 볼 수 있다. 특히, 보수적 가정으로 부동산 평가액을 조사가격의 60%(①)로 본다면 전세 주거이동에도 어려움을 겪을 것으로 보인다. 부동산 평가액을 조사가격의 100%(②)로 본다면 전액을 부동산 부채 상환으로 갚을 수 있지만, 신용대출 등 나머지 대출 상환으로 인해 파산 가능성의 위험도 찾을 수 있다.

2.4 재무설계안 수립 및 제시

2.4.1 대출 현황

평균 급여 500~600만 원을 받으면서도 항상 마이너스 상태였다. 매년 회사 노조에서 하는 대출을 받으면서, 마이너스 상황을 견뎌냈다. 1년 만기에 최고 2,000만 원까지 빌려주는 노조 대출은 2%의 낮은 이자지만 원리금 상환에 큰 부담이 있다. 부족한 생활비는 성과급을 받아 메우는 방식으로 5년간 반복하며 생활했다.

표5 컨설팅 전 대출현황 [단위: 만 원]

금융기관	대출 형태	대출금잔액	대출금리	상환 방법	관련 월 지출액
은행	주택담보대출	23,200	6.3% 고정	원리금 균등 분할상환	276
은행	주택담보대출	2,100	6.7% 고정	원리금 균등 분할상환	14
은행	신용대출	8,000	7.4% 고정	만기 일시상환	50
노조대출	신용대출	2,000	2.0% 고정	원리금 균등 분할상환	166
합계		35,300	합계		506

2.4.2 대출 솔루션

2000년대 중반은 세계 경제가 절정에 달한 시기이다. 치솟는 물가를 잡기 위해 미국 중앙은행에서도 정책금리를 올렸지만, 시장금리가 오히려 하락하는 현상을 보였을 때다. 나중에 밝혀진 사실이지만, 아시아 국가에서 무역수시 흑자로 벌어들인 외환보유액을 미국 국채에 투자해서 발생한 일이었다.[48]

우리나라의 증시와 부동산도 함께 절정을 맞이했고, 부동산 과열을 막기 위해 여러 조치를 시행하던 때였다. 금융 전반의 과열과 미국의 빠른 금리 인상에 대응하기 위해 기준금리를 인상했고, 2007년 기준금리는 5.5%까지 상승했으며 주택담보대출 금리는 6.3%대까지 상승했다. 이 당시 고객은 내 집 마련을 위해 은행 권유로 고정금리 대출을 받았고, 금융위기 이후 금리 하락기에도 계속 고정금리를 유지하며, 대출금리 부담을 그대로 내버려 둔 상태였다. 이후 생활비

---

48 그린스펀 수수께끼

부족을 채우기 위해 주택담보대출 한도를 이용하여 추가로 대출받았으며, 이것도 대출금리가 상당히 높았다. 신용대출 8,000만 원은 친정의 사업이 어려워지면서 지원하려고 급하게 받았고, 신용이다 보니 주택담보대출보다 높은 상태였다.

첫 번째 대출 해결 방법은 변동금리로 대출 대환이다. 고객은 변동금리에 대한 두려움이 있어서 고정금리를 고집하는 경향이 있다. 그러나 2013년 당시에는 기준금리 인하 추세로 대출 금리도 계속 하향될 것이라 설명하며 설득하였다. 또한, 대출을 받은 지 5년이 넘어 중도수수료도 발생하지 않았다. 4.2%로 대환을 했으며, 이후 대출금리가 지속해서 하락하는 것을 보며 고객과 더욱 신뢰를 쌓을 수 있는 계기가 됐다.

두 번째는 의식전환이다. 장기적으로 부담 없는 금액으로 상환한다는 사고 전환을 조언했다. 고객은 주택담보대출을 15년 안에 상환하고 완전한 내 집이 될 수 있을 것이라 확신하며 살았으나, 그 대출의 무게는 만만치 않았다. 대환하면서 주택담보대출 중 가장 큰 23,200만 원은 거치기간을 3년으로 하고 이자만 내도록 했다. 주택담보대출 총액 25,300만 원이 원리금 상환 시에도 290만 원에서 120만 원대로 줄어들어 월 현금흐름에 여유를 줄 수 있다. 이후 적금 만기 때마다 신용대출 상환에 집중할 수 있도록 하였다. 물론 비상자금의 용도로 활용 후 상환한다는 전제하에 기준을 정했다.

세 번째는 금리가 낮은 대출부터 상환하는 방법을 선택했다. 노조대출은 2%의 낮은 금리라는 명목 아래 늘 상환하면 다시 쓰는 마이너스 통장 같았다. 하지만 매월 지출되는 현금흐름 중 상당한 부담으로 작용했다. 특히, 가계 숨통을 조이게 하는 근본 원인이라 판단히여 상환 방법으로 연금보험을 활용하기로 했다. 지출로 생각하는 연금보험은 현재 상황에서 불필요한 상품이고, 지속된 금리 하락에 효율성도 떨어졌다. 부부는 원금이 되지 않아 아깝다는 생각으로 낼 수밖에 없었는데, 원금이 넘었다고 확인하자 주저 없이 해약했다. 이후 노조 대출을 받은 지 채 한 달도 되지 않아 2,000만 원을 상환했고, 현금흐름의 여유가 생기게 됐다. 나머지 700만 원에 가까운 돈은 비상자금으로 활용하기로 했다.

통상 대출에 대한 상환 방식은 금리가 높은 것부터 낮은 것 순으로 상환하는 것이 상식이다. 그러나 필자가 이렇게 제안을 했던 이유는 배우자의 눈물에서 그동안의 삶이 상당한 피로와 고통을 느꼈기 때문이다. 금리는 낮지만 원리금 부담이 큰 신용대출을 만기 일시로 갚으며 여유를 갖는 것도 장기간 상환해야 하는 마라톤에서 필요한 휴식이기도 했다.

표6 컨설팅 후 대출금리 변화

대출 내역	금리	상환방식		대출 내역	금리	상환방식
주택담보대출	6.3% 고정	원리금 균등분할상환	→	주택담보대출	4.2% 변동	3년거치후 원리금균등분할상환
주택담보대출	6.7% 고정	원리금 균등분할상환		주택담보대출	4.2% 변동	원리금 균등 분할상환
신용 대출	7.4% 고정	만기일시상환		신용 대출	4.8% 변동	만기일시상환

표7 컨설팅 후 대출현황 [단위: 만 원]

금융기관	대출 형태	대출금 잔액	대출금리	상환 방법	관련 월 지출액
은행	주택담보대출	23,200	4.2% 변동	3년거치후원리금균등분할상환	81
은행	주택담보대출	2,100	4.2% 변동	원리금균등분할상환	10
은행	신용대출	8,000	4.8% 변동	만기일시상환	32
노조대출	신용대출	2,000		상환완료	
합계		35,300			123

2.4.3 대출 문제 해결을 위한 부분 재무설계

대출이 가장 큰 문제였기 때문에 해결되지 않고는 재무설계를 하는 것이 매우 어려웠다. 이자는 매일 계산되는 것이기에 1차 상담 이후 메일을 주고받으며 대환 시 효과를 설명했다. 동의하는 즉시, 고객은 은행과 보험사로 움직이며 빠르게 실행에 옮겼다. 2차 상담에서 부부의 재무상태표를 재정립하였는데 재무상태표를 보고 암 덩어리를 떼어낸 것처럼 홀가분하다는 말을 했다. 연봉의 3배가 넘는 대출과 급여를 대출 상환에 다 쓰고 있는 상황은 깊은 종양을 앓고 있는 환자와도 같다. 먼저 이것을 도려내는 데 집중해야 하고, 회복됐을 때 전체적인 계획을 짜는 것이 훨씬 유리하다는 것을 실행하며 알게 됐다. 그리하여 고금리 대출보다 원리금 상환 부담이 큰 저금리 대출을 먼저 상환해야 하는 방법을 실행하게 됐다.

2.5 재무설계안에 대한 실행

상담 이후 십여 통의 전화를 하며 대환을 진행했다. 연금보험을 해약하고 노조 대출을 상환하자 다음 달부터 383만 원의 지출을 줄일 수 있게 됐다.

표8 컨설팅 후 재무상태표 [단위: 만 원]

자 산				부채 및 순자산		
항목	금액	%		항 목	금액	%
금융자산	700	2		신용대출, 5년	8,000	24
부동산	36,000	98		주택담보대출, 15년	23,200	69.7
				주택담보대출, 30년	2,100	6.3
				순자산	3,400	
합계	36,700	100		합계	33,300	100

금융자산 700만 원은 노조 대출을 상환 후 남은 자금으로 비상자금 및 고객의 대학원 비용으로 활용할 계획이다. 부채는 2,000만 원 축소된 33,300만 원으로 아직 자산 대비 높은 편이다. 현금 흐름의 여유분을 저축하여 금융자산을 높일 계획을 수립했고, 이전 대출을 상환할 때의 규모를 감당한다는 생각으로 저축을 늘려나가라고 조언했다. 383만 원이라는 월 현금 지출을 축소했지만, 어느 정도 저축할지 자신이 없어 보였다. 2차 상담 전 부부는 밤에 많은 대화를 했다고 한다. 그리고 최대한 현금성 자산을 많이 만들기 위해 노력하자는

결론을 내렸다.

표9 컨설팅 후 현금흐름표 [단위: 만 원]

유 입				유 출				
항 목	매월	연중	합계	%	항 목	매월	연중	합계	%
근로소득 (고정)	550		6,600	57	저축 및 투자	0			0
근로소득 (상여금)		5,000	5,000	43	현금성 저축				
					채권형 투자				
					혼합형 투자				
					주식형 투자				
					고정 지출	209		2,508	37.4
					대출 원리금	123		1,476	22.1
					월세 (연구보조인력)	35		420	6.2
					보험료	51		612	9.1
					변동 지출	350		4,200	62.6
					생활비	150		1,800	26.8
					자녀교육비	84		1,008	15
					대학원비	66		792	11.8
					기타 (부모님용돈)	50		600	9.2
					잉여자금/ 미파악 지출				
합계	550	5,000	11,600	100	합계	559	0	6,708	100

현금흐름표는 대출 대환으로 생긴 383만 원의 차이보다 더 절약하기로 했다. 교육에 대한 부분을 절대 포기하지 않던 부부는 두 자녀의 단과 학원 하나를 줄여서 1년간 살아보기로 하며 학원비 100만 원을 절감했다. 대출의 실타래가 풀리면서, 숨겨있던 재무적 이점이 나타났다. 높은 소득과 검소한 생활방식으로 순자산을 증가시킬 수 있고, 향후 가장의 학업성과에 따른 연봉 상승으로 월 현금흐름에 더 많은 여유를 가져다줄 수 있다. 긍정적인 변화의 신호는 가치관을 바꾸는 데도 도움이 됐다. 이후 저축은 300만 원부터 시작했다.

보수적 성향이던 부부는 펀드 및 주식 투자를 해 본 적이 없다. 그동안 힘든 재무 상황을 겪으며 비상상황에 대비한 현금 확보가 중요하다는 것도 느꼈다. 이를 고려하여 먼저 저축 기간을 5년으로 계획했다. 8,000만 원 신용대출이 종료되는 시점에 맞췄기 때문이다. 또한, 향후 주택담보대출 상환을 위해 아파트를 처분하고 전세로 이사하는 것에 대한 계획을 마련했다. 동시에 꾸준한 저축으로 신용내출까지 상환하면 대출 상환이 모두 끝난 상태가 될 것이라는 조언도 드렸다. 흔쾌히 동의했고, 이에 따라 300만 원 저축 시 원금만 3년 이내에 1억이 되는 상황을 보자 희망을 품으며 바로 실행에 옮기기로 했다. 시장 상황을 고려하여 포트폴리오는 다음과 같이 반영했다.

표10 포트폴리오

저축 및 투자 상품	투자 금액	위험 분류
은행 적금	150만 원	무 위험
증권 선진국 채권형 펀드	100만 원	저 위험
증권 선진국 주식형 펀드	50만 원	고 위험
합계	300만 원	

2013년은 본격적인 경기 회복세에 접어들지 않은 만큼 선진국을 중심으로 중앙은행은 꾸준히 양적완화를 유지하며 시장을 달랬다. 특히, 2013년 말에는 美 금리 인상 이벤트가 있었지만, 실업률 6.5%와 물가상승률 2.5% 이하가 되지 않으면 시행하지 않겠다는 중앙은행의 포워드가이던스(Forward Guidance)가 시장을 강세장으로 유지하게 시켰다. 이는 꾸준히 채권을 계속 매입할 것이라는 힌트를 준 것이기 때문에 선진국 채권형 펀드의 투자 편입을 결정했다. 주식형 펀드도 하고 싶다는 의견을 제시하여, 같은 맥락으로 미국과 유럽 그리고 일본에 투자하는 선진국 주식형 펀드로 선택했다. 보수적인 투자성향에 따라 변동성이 덜한 선진국 시장을 택한 것이다. 바로 현금화가 가능한 적금은 저금리임에도 고객의 의사를 반영하여 비중을 높였다. 투자 포트폴리오는 꾸준히 모니터링하며 상황에 따라 포트폴리오를 수정하기로 합의했다.

2.6 모니터링 관리

3개월마다 정기점검을 하였고, 포트폴리오는 중간에 몇 번 수정했다. 모니터링 기간에 가장 큰 이슈는 2015년 11월에 주택을 처분하고 전세로 이사하며 주택담보대출을 상환한 것이다. 미국의 금리 인상이 시작될 것 같다는 조언과 함께 그동안 주택 가격이 오르며 손해 본 것을 거의 다 회복했기 때문에 전세로 이사하는 데 부담이 없다고 했다.

전세는 적금과 펀드를 청산하고 대출 없이 해결했다. 이제 남은 대출은 8,000만 원이며, 여전히 300만 원은 적금과 펀드로 운영하고 있고, 현재는 좀 더 과감하게 주식형 펀드의 비중을 높였다. 3년 넘게 관리하며 가장 큰 변화를 겪은 고객은 승진과 인센티브 인상으로 훨씬 빠르게 자산을 모으고 있으며, 나머지 대출을 2년 안에 상환할 예정이다.

2.6.1 재무상담을 마치며

실제 상담은 세 번에 걸쳐 이루어졌지만, 수십 통의 전화와 이메일을 주고받은 이번 사례는 마치 열 번의 상담을 한 것처럼 피로감을 불렀다. 고객도 쉽지 않은 시간이지만, 상담이 끝난 후 한숨 돌렸다는 고객에게 감사의 인사를 받았을 때가 아직도 기억에 남는다. 이번 상담은 파이낸셜 플래너로서 많은 깨달음을 준 사례였다.

첫째, 고객이 원하는 재무적 문제에 집중하여 해결하려고 노력해야 한다. 고객은 이미 재무상담을 경험하며, 혹 떼려다 혹 붙인 것처럼 불필요한 보험에 가입했다. 고객이 원한 것은 월 현금흐름에서 적자가 나지 않는 것과 대출을 갚기 위해 더 이상 대출을 받지 않는 것이다. 이것이 해결되지 않는 상황에서는 보험을 통한 위험관리나 노후 목적의 연금은 아무 의미가 없다. 월 현금흐름이 개선되고 앞으로 갚아야 하는 대출 원리금을 현재의 현금흐름으로 상환 가능하다는 것이 눈에 보이자 생애 주기에 따른 재무설계의 접근도 고려하게 됐다. 자녀의 학자금과 결혼, 부부의 은퇴자금 마련에 대해서도 향후 모니터링을 통해서 상담하기로 했다.

둘째, 고객의 가치관을 존중하지 않는 솔루션은 옳다고 하더라도 실현될 수 없다. 사실 해결책은 간단했다. 주택을 처분하여 전세로 이사를 하고, 교육비 부담을 줄이면 쉽게 풀리는 문제였다. 하지만 부부에게 있어서 내 집과 자녀 교육은 빚을 지더라도 포기하고 싶지 않은 부분이었다. 필자도 처음에 주택문제와 교육비 문제를 언급했다. 그러나 절대 포기할 수 없는 두 가지를 수정하라는 것은 그 부부에게 이제까지 살아온 인생을 부정하라는 것이나 마찬가지였다. 그러한 고객의 가치관을 이해하지 못했다면 이전에 받은 재무설계와 차이가 없을 것이다. 대출 솔루션을 통한 현금흐름 변화는 고객에게 자연스러운 가치관 재정립의 동기부여가 됐고, 향후 교육비를 40% 가까이 줄이는 계기를 만들었다. 상담 후 약 2년이 되어가던 때는 집을 팔고 전세로 옮기는 생각의 전환까지 끌어냈다. 고객을 가르치려는 태도보다 같이 이해하며 조금씩 개선하는 것이 고객에게는 상당한 자극으로 작용한다는 것을 알게 됐다. 합리성만을 앞세워 현재 상황을 급하게 바꿀 것을 요구하면 고객도 부담을 느낀다. 수용할 수 있는 부분을 한 가지씩 설득해 나가는 것이 더욱 중요하다.

본 사례의 고객은 이제 친한 사이로 지내고 있다. 물론 아직도 꾸준히 재무 상황을 모니터링하고 있다. 재작년 즈음 제안한 대로 빚더

미의 자가 주택을 전세로 이전한 후 배우자가 선물로 차를 바꿔줬다며 좋아했던 기억이 난다. 그들은 현재 연 소득의 30% 정도를 저축하며 꽤 많은 현금을 저축했다. 노후준비를 계획하며 전원주택을 지을 땅도 같이 알아보러 다닌다고 한다. 물론 아직 그 정도 능력은 안 되지만, 다시 과도한 대출을 받고 싶은 마음도 없고, 단지 꿈을 꿀 수 있다는 데서 행복하다고 한다.

하우스푸어인 고연봉자의 아이러니한 생활은 쉽게 해결된 것 같지만 여기까지 오는 동안 수많은 생각과 번뇌를 가졌을 것이다. 그러한 과정에서 함께 고민하고 길잡이의 역할을 했다는 것에 파이낸셜 플래너로서 큰 보람을 느낀다.

Ⅲ. 맺음말

최근 가계부채 문제는 심각한 수준에 이른다. 2017년 2월 21일 자 조선일보에 따르면 가계 빚에 짓눌린 한계가구가 182만에 육박한다. 특히 가처분소득이 낮은 30대와 60대에 집중되어 있어서 젊은 층의 소비 경색과 노년층의 은퇴 빈곤까지 유발할 것으로 보인다. 미국연방준비위원회(FOMC)에서 결정하는 점도표의 장기 정책금리가 3%로 명시되어 있는 만큼, 향후 몇 년 안에 국내 금리에도 적잖은 영향을 미칠 것도 우려스러운 점이다. 특히, 현 상황에서 경제 위기 혹은 금리 인상 등 외부 충격으로 악화되면 소득 양극화가 더 심해질 것이다. Atif Mian 교수의 '빚으로 지은 집'을 인용하면 다음과 같다. 손실이 채무자에게 집중되는 현상은 부의 불평등과 따로 떼어서 볼 수 없다. 대출이 많은 경제에서 집값이 폭락하면 순자산이 적은 채무자들이 손실의 가장 큰 부분을 감당하기 때문에 부의 불평등도는 더욱 악화된다. 저축자가 손실을 입는 상황이 오더라도 상대적인 측면에서 이들의 상황은 오히려 개선된다. (Atif Mian·Amir Sufi, 2014)

효율적인 가계 대처 방안은 IMF에서 올 초 발간한 보고서 'Korea's Challenges Ahead—Lessons from Japan's Experience'(한국이 직면하게 될 도전, 일본의 경험에서 얻는 교훈)에서 찾을 수 있다. 일본은 1990년대 초 경제 버블이 터지면서 장기간 경제침체를 겪었다. 이후 지금까지 일본의 가계부채는 1990년대 초 제자리에 머물고 있다. 오히려 저축을 꾸준히 증가시키며, 가계 재정에 건전성을 유지했다. 몇 번의 경제위기에도 버티며, 최근 경제 회복의 신호탄으로서 역할을 해내고 있다. 본 연구는 소득 5분위 계층으로 강한 재무적 이점을 바탕으로 극복한 사례를 보여주고 있다. 이를 통해 가계부채 문제 해결에 도움이 될 사료로 쓰이길 기대한다.

참고문헌

＊최명진(2017), '하우스푸어에 대한 재무설계 사례연구', Financial Planning Review, 10(3), 189-203.

＊양세정·주소현·차경욱·김민정(2013), '한국형 가계재무비율 도출 및 가이드라인 제안', Financial Planning Review, 6(3), 143-181.

＊이종권·문효곤·최은희·김경미(2013), '하우스푸어에 대한 이론적 고찰과 대책', 한국토지주택공사 토지주택연구원.

＊조선일보(2017), 가계 빚에 짓눌린 한계가구 182만 육박, 2017, 02, 21., A10면.

＊Atif Mian·Amir Sufi(2014), 박기영 역(2014), 『빛으로 지은 집』, 파주: 열린책들.

＊Zoli, Edda(2017), Korea's Challenges Ahead—Lessons from Japan's Experience, IMF.

A Financial Planning Case For a House Poor

Myoung Jin Choi[49]

Abstract

House poor means households that are strug-
gling to maintain household finances for a large
cost of repayment out of disposable income due to
the mortgage loan. All things considered, recently
the economic problem has come to the fore due
to rapid increase in household debt, house poor
problem is being speculated to be a fairly seri-
ous level. This paper tries to present a financial
planning model for a house poor who is suffering
from serious pain from mortgage debt. In spite of
a high-income bracket, they have lived in short of
income due to redemption of the loan, daily living
expenses, educational expenses for children and
parents support expenses. In this financial plan-
ning case, we reach an agreement for a feasible

49 CFP, Goden Asset Mugement.

financial solution. This financial planning case shows the importance of continuous monitoring and debt management.

Key words: mortgage loan, house poor, debt counseling, financial planning, households debt